U0611798

奥尔曼『内在关系的辩证法』视角下的当代资本主义

田世锭 著

中国社会科学出版社

图书在版编目（CIP）数据

奥尔曼“内在关系的辩证法”视角下的当代资本主义/田世锭著.—北京：中国社会科学出版社，2008.12
ISBN 978-7-5004-7412-8

Ⅰ.奥…　Ⅱ.田…　Ⅲ.资本主义—研究—现代　Ⅳ.D033.3

中国版本图书馆 CIP 数据核字（2008）第 187129 号

选题策划　黄燕生
责任编辑　周慧敏
责任校对　杜丽延
封面设计　大鹏工作室
版式设计　戴　宽

出版发行　中国社会科学出版社
社　　址　北京鼓楼西大街甲 158 号　　邮　编　100720
电　　话　010—84029450（邮购）
网　　址　http：//www.csspw.cn
经　　销　新华书店
印　　刷　华审印刷厂　　装　订　广增装订厂
版　　次　2008 年 12 月第 1 版　　印　次　2008 年 12 月第 1 次印刷
开　　本　880×1230　1/32
印　　张　8.5　　插　页 2
字　　数　220 千字
定　　价　25.00 元

目　录

前　言

曾几何时，资本主义的矛盾不断激化，危机层出不穷；而社会主义却使一个帝国主义链条上的薄弱环节在较短的时间里成为世界第二大强国，并在世界反法西斯战争的胜利中发挥了决定性的作用。这种事实使世界上的许多人认识到资本主义就如黄昏的太阳，即将落山而去；而社会主义就如早晨的太阳，正在冉冉升起。许多人不再怀疑马克思“两个必然”的结论。然而，随着资本主义对自身的不断调整，资本主义再次进入了发展的“黄金时期”；而由于社会主义的多数践行者不是像马克思恩格斯所说的那样将社会主义社会看成不断变革的社会，而是将某一种社会主义形式当作惟一正确的模式予以推行，即便有少数社会主义者意识到了变革社会主义社会的必要性，但也由于众所周知的原因而未能在事实上对社会主义社会进行成功的变革，以至于社会主义在20世纪60、70年代开始走下坡路，直至最终在80年代末90年代初发生苏东剧变，致使社会主义跌入了历史的低谷。虽然中国的社会主义在30年的改革开放历程中已经取得了举世瞩目的成就，其他几个社会主义国家也在变革中站稳了脚跟、取得了发展，但从总体上来看，世界社会主义仍然没有走出低谷；而当代资本主义却在生产资料所有制、劳资关系和分配关系、社会阶层和阶级结构、经济调节机制和经济危机形态以及政治制度等方面已经且正在发生着巨大的变化[①]。面对当代资本主义的这种巨大变化，面对当今“资强社弱”的现实，世界上有许多人甚至是绝大多数人迷惑了，他们失去了对社会主义的信心。在他们看来，人类社会的历史真的要像福山所说的那样终结于当代资本主义这样的“自由民主”社会了。曾经的信念颠倒过来了，如同落日的不再是资本主义而是社会主义；相反，如日中天的不是社会主义而是资本主义。人们津津乐道的不再是马克思的“两个必然”[②]，而是“两个决不会”[③]。固然“两个必然”和“两个决不会”是统一的而不是对立的，但如果有人刻意突出后者，那就别有意味了，正如陈学明教授一针见血地指出的：“说穿了，当今有些人之所以如此执迷于‘两个决不会’，就是为了说明资本主义制度的永恒性和共产主义的不可能性。”[④] 用伯特尔·奥尔曼的话说，“作为资本主义

---

① 《马克思主义基本原理概论》，高等教育出版社 2008 年版，第 175—179 页。

② “资产阶级的灭亡和无产阶级的胜利同样是不可避免的。”（《马克思恩格斯选集》第 1 卷，人民出版社 1995 年版，第 284 页。）

③ “无论哪一个社会形态，在它所能容纳的全部生产力发挥出来以前，是决不会灭亡的；而新的更高的生产关系，在它的物质存在条件在旧社会的胎胞里成熟以前，是决不会出现的。”（《马克思恩格斯选集》第 2 卷，人民出版社 1995 年版，第 33 页。）

④ 陈学明：《唯物史观与共产主义信念》，《浙江学刊》2006 年第 3 期，第 55—66 页。

的一种不同的替代，社会主义却突然丧失了它的可信性”，而“其主要原因在于苏联的垮台”。甚至许多社会主义者也因此而开始“质疑任何形式的社会主义的可能性”。就连“一些曾一直是苏联的批评者”的社会主义者也因为苏联的垮台而开始怀疑任何形式的社会主义。也就是说，一些曾一直对苏联模式的社会主义持批评态度的社会主义者，也因为这种模式的社会主义的失败而开始怀疑社会主义本身。结果，在西方出现了一种“未来的羞怯”，这种“羞怯”已经“使今天的许多左翼著作深受其害”①。这充分说明，如何正确认识当代资本主义及其未来社会主义和共产主义的历史命运，已经成了亟待当代马克思主义者解决的问题。

对此，不同的西方马克思主义学者运用不同的方法作出了各种不同的回应。例如，“分析学派的马克思主义”学者强调运用经过其“语义分析”的“严谨”的马克思主义来“分析”当代资本主义；“解构主义的马克思主义”学者着重研究和分析权力的压迫性；“文化马克思主义”学者运用马克思主义对当代资本主义进行文化批判等等。然而，在奥尔曼看来，这些回应都因抛弃或忽视了马克思主义辩证法而存在着各种各样的“缺陷”。他明确指出，正确认识资本主义及其未来社会主义和共产主义的命运必须依靠马克思主义辩证法，因为马克思主义辩证法是“研究由处于不断演进之中的相互依存的过程所构成的世界的

① ［美］奥尔曼：《辩证法的舞蹈——马克思方法的步骤》，田世锭、何霜梅译，高等教育出版社2006年版，第204页。

惟一明智的方法"，"离开辩证法，马克思就不可能达到其对资本主义的认识。同样，离开对辩证法的牢固把握，我们就不能进一步发展这种认识"①，而面对当代资本主义，"我们现在比以往更需要辩证法"②。奥尔曼还反复强调说，马克思主义辩证法的关注点是资本主义社会，"从一开始就强调马克思主要关注的是资本主义非常重要。马克思试图发现资本主义是什么、它是如何运行的，以及它是如何产生的、它正走向何处"③，"我不仅想要表明马克思运用了什么辩证方法和他是怎样运用它的，而且还想帮助我们将它运用于、并且是更经常、更有效地运用于我们今天的资本主义"④。有鉴于此，奥尔曼运用马克思主义辩证法分析当代资本主义，揭示了当代资本主义的存在方式、本质和发展脉络，揭示了当代资本主义仍然必将被社会主义和共产主义所取代的历史命运。很显然，研究奥尔曼对当代资本主义进行的辩证分析，无论在理论上，还是在实践上，都具有十分重要的意义。

伯特尔·奥尔曼是美国纽约大学政治学教授、著名的马克思主义学者，"辩证法的马克思主义"的主要代表，"美国马克思主义辩证法研究的领军人物"⑤。其主要著作

---

① ［美］奥尔曼：《辩证法的舞蹈——马克思方法的步骤》，田世锭、何霜梅译，高等教育出版社 2006 年版，第 203—204，14 页。

② 同上书，第 219 页。

③ 同上书，第 77 页。

④ 段忠桥等编译：《马克思主义、市场经济与当代世界——伯特尔·奥尔曼教授访谈录》，《当代世界与社会主义》2004 年第 3 期，第 152—155 页。

⑤ 段忠桥：《20 世纪 70 年代以来英美的马克思主义研究》，《中国社会科学》2005 年第 5 期，第 47—56 页。

有：《异化：马克思关于资本主义社会中的人的理论》(1971)、《社会主义教育研究》(合编，1978)、《社会的和性别的革命》(1979)、《左派学院——美国大学校园的马克思主义学术研究》(合编，三卷本，1982、1984、1986)、《美国宪法：批判的二百年》(合编，1990)、《辩证法探究》(1993)、《市场社会主义——社会主义学者之间的争论》(主编，1998)、《如何参加考试……如何改造世界》(2001)、《资本家？——一个马克思主义企业家的真实表白》(2002)、《辩证法的舞蹈——马克思方法的步骤》(2003)。为了宣传马克思主义，他还发明了一种游戏棋——“阶级斗争”，并注册了专利(1978)。2001年，他第一个获得美国政治学会新政治分会颁发的“查尔斯·麦科伊终生学术成就奖”。2005年他当选为国际民主基金会主席，该基金是新设立的，旨在向全世界的人民寻求帮助，以给世界上最需要民主的国家——美国带来真正的民主。

从20世纪90年代中期以来，我国学术界对奥尔曼的著作和思想作了一些介绍和研究。① 我们可以将其大体分为两个阶段：第一个阶段，从1994年到1999年。在这个阶段，奥尔曼于1994年底分别到我国的中央编译局和中国社会科学院作了学术报告，于是相关单位的同志将其报告的主要内容作了整理并予以发表。但此后5年里再没有学者介绍过奥尔曼的思想，更没有学者对其思想进行研究。第二个阶段，从2000年至今。在这个阶段

① 具体成果见本书“参考文献”。

上，我们可以发现每一年学术界都有关于奥尔曼思想的著作公开发表，有翻译介绍的，也有一定程度上进行了研究的。

我国学术界对奥尔曼的著作和思想进行的介绍和研究主要涉及三个方面的内容：一是奥尔曼的辩证法思想。如朱培编译的《美国著名学者奥尔曼论马克思的辩证方法》，这篇文章实际上就是奥尔曼的代表作《辩证法的舞蹈——马克思方法的步骤》的序言，其中体现了奥尔曼辩证法的核心观点；段忠桥教授在《20世纪70年代以来英美的马克思主义研究》中将奥尔曼作为20世纪70年代以来英美马克思主义六个主要学派之一的“辩证法的马克思主义”的主要代表和“美国马克思主义辩证法研究的领军人物”，并深入探究了奥尔曼关于以“内在关系”和“抽象”为核心的马克思主义辩证法思想。二是奥尔曼关于资本主义和社会主义、共产主义的思想。如孙援朝整理的《美国奥尔曼教授认为当今西方资本主义正在走向崩溃》，直接表明了奥尔曼对于当代资本主义仍必然被社会主义和共产主义取代的信念；郑一明研究员根据这个报告在《全球化与社会主义的未来——西方左翼学者关于社会主义前景的新思考》中介绍了奥尔曼关于当代资本主义正在走向崩溃的思想；鲁克俭研究员在《国外学者关于马克思共产主义思想的新观点》中指出，奥尔曼对于马克思关于“在共产主义社会里，任何人都没有特殊的活动范围，而是都可以在任何部门内发展，社会调节着整个生产，因而使我们有可能随自己的兴趣今天干这事，明天干那事，上午打猎，下午捕鱼，傍晚从事畜牧，晚饭后从事批判，这样就不会使我老是一个猎人、渔夫、牧人或批判者"① 的论断是持同情态度的，并认为奥尔曼与劳勒关于市场社会主义的争论，不管谁对谁错，讨论本身毕竟加深了人们对马克思关于未来共产主义社会（包括作为其低级阶段的社会主义）思想的理解，对我们中国也具有一定的现实意义。三是奥尔曼关于市场经济的思想。这方面的介绍和研究明显居多。其中最主要的如段忠桥教授翻译、编译的《市场社会主义——社会主义者之间的争论》和《马克思主义、市场经济与当代世界——伯特尔·奥尔曼教授访谈录》，奥尔曼关于市场经济的思想主要体现在这里；李春放研究员在《马克思是市场社会主义者吗？——当前西方学术界关于市场社会主义的辩论中的一个问题》中详细讨论了奥尔曼与劳勒关于市场社会主义的争论；段忠桥教授也在《国外马克思主义者关于市场社会主义的争论》中详细探讨了奥尔曼在这方面的思想。

可见，虽然我国学术界对奥尔曼的著作和思想作了一些介绍和研究，但是，从总体上讲，国内学者对奥尔曼著作和思想的介绍和研究，比较分散或局限在奥尔曼的辩证法思想、资本主义思想、社会主义和共产主义思想、市场经济思想等方面中的某一方面，而对"奥尔曼是如何运用马克思主义辩证法来分析当代资本主义的"这个问题几乎没有什么研究。本书旨在探索进行这样一种研究。

从研究方法上讲，本书主要运用的方法有三种：一是系统方法。即对奥尔曼的辩证法思想、资本主义思想、社

① 《马克思恩格斯选集》第1卷，人民出版社1995年版，第85页。

会主义和共产主义思想以及市场经济思想等做系统的研究，在这种系统研究中透析奥尔曼是如何对当代资本主义进行辩证分析的。二是比较研究的方法。为了突出奥尔曼运用马克思主义辩证法分析当代资本主义所得出的科学结论，本书在相关章节将奥尔曼对当代资本主义进行的辩证分析与阿多诺、德里达、柯亨等西方学者对当代资本主义的分析进行了初步的比较研究，凸显了奥尔曼对当代资本主义辩证分析的特别重要的现实意义。三是理论联系实际的方法。本书总是紧密结合当代资本主义的实际情况来研究奥尔曼对当代资本主义的辩证分析。

本书导论主要介绍奥尔曼用于分析当代资本主义的辩证法的具体内容，即马克思主义“内在关系的辩证法”，以此作为奥尔曼分析当代资本主义的方法论基础；第一章主要探讨奥尔曼在“内在关系”中对当代资本主义存在方式的审视，表明当代资本主义既是一个更为复杂的关系整体，又仍然是一种历史地存在着的“关系”；第二章主要探讨奥尔曼在“抽象”中对当代资本主义本质的揭示，表明当代资本主义仍然具有“暂时性”、“资本性”和“阶级性”；第三章主要探讨奥尔曼在“逆向研究”中对当代资本主义发展脉络的把握，对其起源和走向的揭示，表明当代资本主义既不是从来就有的，也不会永远存在，而是从前资本主义发展而来的，并必然向着社会主义和共产主义发展而去；结语主要说明奥尔曼对当代资本主义辩证分析的实际意义。

导　论

分析当代资本主义"惟一明智的方法":马克思主义辩证法

著名的美国教授、马克思主义学者伯特尔·奥尔曼指出:"离开辩证法，马克思就不可能达到其对资本主义的认识。同样，离开对辩证法的牢固把握，我们就不能进一步发展这种认识"，因此，辩证法是认识当代资本主义"惟一明智的方法"①。按照奥尔曼的观点，关于马克思主义辩证法的重要著作通常可以根据把属于辩证法词汇的范畴中的哪一个作为核心来加以区别。例如，对卢卡奇来说，起这种作用的是"总体性"概念；对奥尔曼来说，是"内在关系"②。按照这种说法，既然我们通常将卢卡奇的辩证法思想称为"总体性的辩证法"，那么我们也就可以将奥尔曼的辩证法思想称为"内在关系的辩证法"。也就是说，奥尔曼所理解的马克思主义辩证法就是马克思主义"内在关系的辩证法"，作为分析和认识当代资本主义"惟一明智的方法"的，正是这种"内在关系的辩证法"。

---

① ［美］奥尔曼:《辩证法的舞蹈——马克思方法的步骤》，田世锭、何霜梅译，高等教育出版社2006年版，第14、204页。

② 同上书，第76页。

第一节　马克思主义“内在关系的辩证法”的主要内容

就与分析当代资本主义有着最直接的关系而言，奥尔曼所理解的马克思主义“内在关系的辩证法”的最主要内容是“内在关系哲学”、“抽象”，以及运用“内在关系哲学”和“抽象”来研究人类历史的方法即“逆向研究历史”的方法。

一　“内在关系哲学”

恰如我国学者安启念教授所说的，“对于”马克思和恩格斯“他们本人而言，终其一生所关注的，其实只有一件事，就是无产阶级革命斗争的实践。马克思和恩格斯首先是无产阶级革命家，他们从事经济学、哲学、历史学等研究，只是出于无产阶级革命的需要。……革命斗争的实际需要，始终是马克思和恩格斯理论研究的出发点”，正是马克思关于“哲学家们只是用不同的方式解释世界，而问题在于改变世界”的论断所体现出来的“强烈的实践性，而且是为无产阶级革命服务的实践性”使马克思主义得以不断地向前发展[①]，正是无产阶级“革命斗争的实际需要”或者说强烈的“为无产阶级革命服务的实践性”推

---

① 参见安启念《新编马克思主义哲学发展史》，中国人民大学出版社2004年版，第1—2、8页。

动着马克思主义辩证法的产生、形成和发展，推动着其继承者不断地对其予以创新。在这个过程中，不同的继承者会根据不同的“革命斗争的实际需要”或者他们对这种需要的不同理解来解读和创新马克思主义的辩证法思想。于是，也就有了对于马克思主义辩证法的核心的不同解答：对卢卡奇来说，其核心是“总体性”；对毛泽东来说，是“矛盾”；对杜纳也斯卡亚来说，是“否定的否定”；对斯科特·米克尔来说，是“本质”；对奥尔曼来说，是“内在关系”①；对列宁来说，则是“对立统一”等等。

在列宁看来，辩证法的核心就是“对立统一”。他明确指出：“可以把辩证法简要地规定为关于对立面的统一的学说。这样就会抓住辩证法的核心”；“辩证法是一种学说，它研究对立面怎样才能同一，是怎样（怎样成为）同一的——在什么条件下它们是相互转化而同一的，——为什么人的头脑不应该把这些对立面看作僵死的、凝固的东西，而应该看作活生生的、有条件的、活动的、彼此转化的东西”②。列宁所谓的“对立统一”就是“承认（发现）自然界的（也包括精神的和社会的）一切现象和过程具有矛盾着的、相互排斥的、对立的倾向。……发展是对立面的‘斗争’。……认为发展是对立面的统一（统一物之分为两个互相排斥的对立面以及它们之间的相互关系）”，而且，“对立面的统一……是有条件的、暂时的、易逝的、

① 参见［美］奥尔曼《辩证法的舞蹈——马克思方法的步骤》，田世锭、何霜梅译，高等教育出版社 2006 年版，第 76 页。

② 《列宁全集》第 55 卷，人民出版社 1990 年版，第 192、90 页。

相对的。相互排斥的对立面的斗争是绝对的”[①]。可见，列宁之所以会将“对立统一”作为辩证法的核心，是因为在他看来，世界上的一切现象和过程都具有对立统一的属性，而且正是其中对立面的绝对斗争在推动着它们的变化和发展。而这恰恰是“战争与革命”时代，“俄国革命重阶级斗争这一特点在哲学上的反映”[②]。

在俄国这个帝国主义链条的薄弱环节上，各种错综复杂的矛盾异常尖锐，无产阶级的革命形势和革命时机已经成熟。列宁据此以“对立统一”为辩证法的核心，强调绝对的斗争性，并以此成功领导了俄国的无产阶级革命。作为“西方马克思主义”创始人的卢卡奇所面对的虽然也是革命形势和革命时机已经成熟的革命形势，但他还须面对的却是匈牙利等国革命失败的事实：既然革命的客观条件已经成熟了，为什么社会主义革命还不能成功？卢卡奇曾明确表示，“总体范畴，整体对各个部分的全面的、决定性的统治地位，是马克思取自黑格尔并独创性地改造成为一门全新科学的基础的方法的本质”，“总体范畴的统治地位，是科学中的革命原则的支柱”[③]，所以，他认为《历史与阶级意识》的重大成就之一，就在于使那曾被社会民主党机会主义的“科学性”打入冷宫的总体范畴，重新恢复了它在马克思全部著作中一向占有的方法论的核心地位。

---

① 《列宁全集》第55卷，人民出版社1990年版，第306页。

② 安启念：《新编马克思主义哲学发展史》，中国人民大学出版社2004年版，第160页。

③ [匈] 卢卡奇：《历史与阶级意识》，杜章智等译，商务印书馆2004年版，第94页。

张翼星教授正确地评价说：“总体性，是卢卡奇论述辩证法的一个最基本的范畴，是《历史与阶级意识》中居统帅地位的思想和方法。”[①] 但鉴于卢卡奇对匈牙利等国革命失败进行反思的结果是，“匈牙利等国革命受挫的原因……不是客观条件不具备，而是阶级意识不成熟”，而这又从事实上表明了“历史是人参与活动的结果，并不是什么单纯因果链条式的客观必然性”[②]，因此，对于认为“对辩证方法说来，中心问题乃是改变现实”的卢卡奇来说，“总体性”必然是以“主客体统一”为主要内容的“总体性”。正如张翼星教授所说的，“在社会历史领域，卢卡奇的总体性思想主要体现为主、客体的相互作用与统一。主客体缺少一方，总体性就会失去意义”[③]。总之，在卢卡奇看来，马克思主义辩证法的实质与核心就是坚持主客体相统一的“总体性”。

卢卡奇“总体性的辩证法”“出现于俄国十月革命以后和苏东社会主义国家开始走下坡路之前”[④]。那时的社会主义与资本主义，前者正如冉冉升起的朝阳，而后者则如徐徐下山的落日。卢卡奇无须专注于论证社会主义的必然性，而只需要专注于论证在社会主义革命的客观条件已经成熟的条件下，如何在主客体的相互作用与统

---

① 张翼星：《为卢卡奇申辩》，云南人民出版社 2001 年版，第 7 页。

② 参见张翼星《为卢卡奇申辩》，云南人民出版社 2001 年版，第 28—29 页。

③ 张翼星：《为卢卡奇申辩》，云南人民出版社 2001 年版，第 101 页。

④ 段忠桥：《20 世纪 70 年代以来英美的马克思主义研究》，《中国社会科学》2005 年第 5 期，第 47—56 页。

一中将社会主义变成现实。因此，他要以坚持主客体相统一的“总体性”为马克思主义辩证法的核心。与此相反，奥尔曼“内在关系的辩证法”则是“在苏东社会主义国家趋于解体和资本主义加速全球化进程的背景下出现的”①。而且，苏东社会主义国家最终发生了剧变，社会主义遭到了沉重的打击，失去了其可信性。因此，奥尔曼亟需解决的是进一步论证资本主义和社会主义、共产主义的命运，论证资本主义的暂时性和社会主义、共产主义的必然性。这就直接要求解决如何正确认识当代资本主义的问题。于是，奥尔曼使用并强调“内在关系”，并将“内在关系”作为马克思主义辩证法的核心，因为在他看来，运用“内在关系”可以很明确地论证当代资本主义的历史性和暂时性。

按照奥尔曼的观点，顾名思义，有关“内在关系”的哲学就是“内在关系哲学”。“内在关系”是马克思主义辩证法的核心，也即是说，“内在关系哲学”是马克思主义辩证法的核心。奥尔曼说，尽管卢卡奇、萨特、列斐伏尔、科西克、马尔库塞等几个马克思的主要解读者“似乎也认识到了马克思对黑格尔唯心主义的批判中并不包括内在关系哲学，却没有一个人看到依据内在关系哲学建构他们对辩证法的理解是正确的”，而只有他自己这样做了②。在他看来，不仅马克思继承并从未动摇过“内在关系哲

① 段忠桥：《20世纪70年代以来英美的马克思主义研究》，《中国社会科学》2005年第5期，第47—56页。

② ［美］奥尔曼：《辩证法的舞蹈——马克思方法的步骤》，田世锭、何霜梅译，高等教育出版社2006年版，第6页。

学”，而且这种“内在关系哲学”还是马克思辩证法的核心。于是，他以“内在关系哲学”为核心构建了由本体论、认识论、研究、思维重构、叙述和实践等六个连续的阶段构成的马克思主义辩证法体系①。

所谓“内在关系哲学”主要就是指任何事物都处在“内在关系”之中。这有两方面的意思：第一，任何事物本身就是一种“关系”，它的过去和可能的未来都是它现在是什么的一部分，换句话说，任何事物发展和变化的历史过程都是它本身的一部分。例如，正如马克思所说的，资本是一种“社会的生产关系”②；而作为一种“关系”，“对马克思来说，资本就是资本现在是什么、过去是什么和将会成为什么”③，因此，它在时间中就要向后和向前延伸，以至于它产生和发展的前提条件以及向未来发展的潜在都成了它本身的部分，它就不只是多数经济学家所说的物质生产资料，而且还包括这些生产资料发展的早期阶段或“原始积累”，甚至一切使它可能如此创造财富的东西，包括正在发展的资本积累、资本积聚和资本集中的趋势，以及这种趋势对世界市场的发展和最终向社会主义过渡的影响。更为重要的是，把事物看成这样的“关系”，就要求把它们看成历史性的存在。例如，将资本看成这样的“关系”，就应该把它理解为一种历史事件，它随着一定条

① ［美］奥尔曼：《辩证法的舞蹈——马克思方法的步骤》，田世锭、何霜梅译，高等教育出版社 2006 年版，第 203 页。

② 《马克思恩格斯选集》第 2 卷，人民出版社 1995 年版，第 577 页。

③ ［美］奥尔曼：《辩证法的舞蹈——马克思方法的步骤》，田世锭、何霜梅译，高等教育出版社 2006 年版，第 26 页。

件的产生而产生，也将随着这种条件的消失而消失。“政治经济学家们没有把资本看成是这样一种关系”，正是“因为它们不敢承认它的相对性质，也不理解这种性质”①。奥尔曼指出：“按照这种关系模式，现在变成了从可定义的过去延伸到可知的……未来的连续体的一部分。明天是延伸了的今天。”② 而马克思所谓的“规律”正是对一切事物进行这种研究的结果，是指具体事物所固有的关系更有可能导致的一种发展趋势。

第二，任何事物与它周围其他一切事物之间的联系是一种“内在关系”，它们之间的相互作用是该事物本身是什么的一部分。例如，当马克思把资本当作一种复杂的“关系”时，他所想到和想要表明的就是资本这一“关系”所具有的“系统性”，其中包括物质生产资料、资本家、工人、价值、商品、货币以及更多东西之间的相互作用。马克思还说过：“资本就必然地同时是资本家……资本的概念中包含着资本家”；工人是“可变资本”；“被社会某一部分人所垄断的生产资料”、“工人的已经转化为独立权力的产品”以及“货币”、“商品”，甚至“吸收创造价值的力的价值”也是资本③。马克思还说

---

① ［德］马克思：《剩余价值理论》第3册，人民出版社1975年版，第292页。

② ［美］奥尔曼：《辩证法的舞蹈——马克思方法的步骤》，田世锭、何霜梅译，高等教育出版社2006年版，第27页。

③ 《马克思恩格斯全集》第46卷上，人民出版社1979年版，第508页；［德］马克思：《资本论》第1卷，人民出版社1975年版，第630页；《马克思恩格斯选集》第2卷，人民出版社1995年版，第577页；［德］马克思：《资本论》第1卷，人民出版社1975年版，第626页。

过：“太阳是植物的对象，是植物所不可缺少的、确证它的生命的对象，正像植物是太阳的对象，是太阳的唤醒生命的力量的表现，是太阳的对象性的本质力量的表现一样。”[①] 奥尔曼认为，实际上，马克思研究资本主义所涉及的每一种事物都是这样的社会“关系”。这种相互作用的关系对每一种事物而言都是内在的、本体论的关系，“把事物作为关系思考，仅仅是为了使这种相互依存成为……事物本身的内在部分”[②]，所以，当一个重要的关系改变时，事物本身也就会改变而变成某种别的东西。例如，如果雇佣劳动消失了，即如果工人与资本的关系根本改变了，那资本也就不存在了；反之亦然。同时，既然事物之间的作用是相互的，那么，就不存在只影响或决定其他事物而不会被其他事物所影响或决定的事物。这样思考事物就不会误导出所谓的“决定论”或“决定主义”。马克思使用“原因”和“决定”，例如，他说在生产、分配、交换和消费的相互作用中，生产具有更大的决定性，那仅仅是为了表明事物之间相互作用的不对称，仅仅是一种在所思考的问题中强调一个具体关系的方法。

总之，按照“内在关系哲学”，现实就是一种内在的“关系”，任何事物与它自己的过去和可能的未来都处在“内在关系”之中，与它周围的环境也处在“内在关系”

---

① ［德］马克思：《1844年经济学哲学手稿》，人民出版社2000年版，第106页。

② ［美］奥尔曼：《辩证法的舞蹈——马克思方法的步骤》，田世锭、何霜梅译，高等教育出版社2006年版，第40页。

之中，现实就是这样一个由"内在关系"构成的关系整体。

二 "抽象"

马克思指出，"黑格尔陷入幻觉，把实在理解为自我综合、自我深化和自我运动的思维的结果，其实，从抽象上升到具体的方法，只是思维用来掌握具体、把它当作一个精神上的具体再现出来的方式。但绝不是具体本身的产生过程"，并由此对黑格尔的从抽象上升到具体的方法进行了唯物主义的改造，而且肯定地指出，被改造后的从抽象上升到具体的方法"显然是科学上正确的方法"。马克思认为，这种方法包括两个阶段："从表象中的具体达到越来越稀薄的抽象"的阶段，和从抽象达到"一个具有许多规定和关系的丰富的总体"的阶段。马克思以认识人口为例，详细分析了运用这种方法进行思维的过程："如果我从人口着手，那么，这就是关于整体的一个混沌的表象，并且通过更切近的规定我就会在分析中达到越来越简单的概念；从表象中的具体达到越来越稀薄的抽象，直到我达到一些最简单的规定。于是行程又得从那里回过头来，直到我最后又回到人口，但是这回人口已不是关于整体的一个混沌的表象，而是一个具有许多规定和关系的丰富的总体了"，"具体之所以具体，因为它是许多规定的综合，因而是多样性的统一。因此它在思维中表现为综合的过程，表现为结果……在第一条道路上，完整的表象蒸发为抽象的规定；在第二条道路上，抽象的规定在思维行程中导致具体的再现”。[①]

奥尔曼将马克思的上述方法概括为从“现实的具体”出发，经过“抽象”而到达“精神上的具体”。他认为，“现实的具体”就是我们生活在其中的、具有其所有复杂性的世界；“抽象”就是在“现实的具体”这个整体中划分暂时的界限，以便将其分解成我们用来思考它的精神要素的思维活动及其结果；而“精神上的具体”就是马克思在已经开始被称为“马克思主义”的理论中对这个世界的重构，或者说，就是在头脑中被重构并且已经被理解了的整体。[②]

对于马克思的从抽象上升到具体的方法，国内除了黄九如教授等在《马克思主义辩证法史》中作过论述以外，还有不少学者进行过探讨。例如，庄福龄教授和张新教授认为，从抽象上升到具体是思维由抽象概念向更加具体的概念运动的认识规律，这里的“具体”不是感性的具体而是理性的具体，“具体之所以具体，因为它是许多规定的综合，因而是多样性的统一”，这里的“抽象”是指思维所把握的对象的一个侧面、一种规定，因而也是认识具体的一个步骤环节，而作为从抽象上升为具体思维进程起点的“抽象”，是思维对感性具体加工整理的结果，可见，虽然“抽象”是这种思维过程的起点，但马克思对从抽象

---

① 参见《马克思恩格斯选集》第2卷，人民出版社1995年版，第18—19页；也可参见商英伟等《马克思主义辩证法史》，吉林人民出版社1987年版，第155—156页。

② 参见［美］奥尔曼《辩证法的舞蹈——马克思方法的步骤》，田世锭、何霜梅译，高等教育出版社2006年版，第72—73页。

上升到具体的方法的强调，是以从感性具体到抽象规定的过程为前提的[①]；安启念教授也认为，从抽象上升到具体是指简单的、抽象的概念在思维中向更复杂、更具体的概念的运动，这里的抽象不是指逻辑概念相对于感性事物的抽象性，而是指它仅仅涉及复杂事物的某一种规定、某一个方面，把其他方面抽象掉了，而这里所说的具体也不是指感性的具体，而是指许多概念综合而成的理性的具体，但从抽象上升到具体要以从感性具体深入到理性抽象为前提，所以，从感性具体到理性抽象是认识的第一步，从理性抽象到理性具体是认识的第二步，"由具体到抽象和由抽象到具体"在马克思那里是"认识事物的必经之路"[②]。

不难看出，对于马克思的从抽象上升到具体的方法，奥尔曼所持观点与国内学者的观点是基本一致的。但是，纵观奥尔曼所理解的马克思主义"内在关系的辩证法"，我们认为，奥尔曼关于马克思主义辩证法的"抽象"的论述，还是有其独到之处——它解决了至少三个问题：为什么要"抽象"？"抽象"在马克思主义辩证法中的地位如何？马克思主义辩证法的"抽象"有什么特征，它是如何做到的？

首先，"内在关系哲学"使"抽象"成了必要，使"再抽象"成了可能。辩证法是干什么的？在奥尔曼看来，

---

① 参见黄楠森《马克思主义哲学史》，高等教育出版社 1998 年版，第 84 页。

② 参见安启念《新编马克思主义哲学发展史》，中国人民大学出版社 2004 年版，第 77—78 页。

“在剥除这个或那个辩证学家附加的所有限定条件以后，辩证法的主体就是变化——一切变化和相互作用——一切性质和程度的相互作用”[①]。也就是说，辩证法就是人们用来思考变化和相互作用的方法。尽管“几乎没有人会否认，世界上的一切事物都在以某种速度并以这种或那种方式发生着变化和相互作用，历史的和系统的联系属于现实世界”，但“困难则一直都在于如何充分地思考这些变化和相互作用，如何才能不歪曲它们，如何才能给它们以应有的关注和重要性”。而辩证法正是“解决这个困难的一种努力，其解决方式是扩展我们关于任何事物的观念，把任何事物的形成过程及其所属的更广阔的相互作用的背景，都当成它本身的各个方面”[②]。而“把任何事物的形成过程及其所属的更广阔的相互作用的背景，都当成它本身的各个方面”就是“内在关系哲学”。接下来的问题是，既然如前所述按照“内在关系哲学”，现实是一个复杂的关系整体，一切事物都处在“内在关系”之中，那我们怎样才能对某一具体事物，对它的变化和相互作用进行研究呢？这就要求我们在认识具体事物的时候，能够运用马克思所说的“抽象力”[③]在处于“内在关系”之中的关系整体中划出暂时的界限，否则这种认识就是不可能的，而“确定这种界限的精神活动，无论是有意识的还是无意识

---

① ［美］奥尔曼：《辩证法的舞蹈——马克思方法的步骤》，田世锭、何霜梅译，高等教育出版社 2006 年版，第 72 页。

② 同上书，第 6 页。

③ 《马克思恩格斯选集》第 2 卷，人民出版社 1995 年版，第 99—100 页。

的——尽管它通常是二者的混合物——就是抽象过程”①。可见，正是“内在关系哲学”使“抽象”成了必要，因为，只有“抽象”才能解决如何在“内在关系”中认识具体事物的问题。在这里，“内在关系哲学”是“抽象”的充分条件，只要我们以“内在关系哲学”看待世界，我们就离不开“抽象”，否则我们就无法认识某一具体对象。但是，“内在关系哲学”并不是“抽象”的必要条件，因为“所有关于现实的思考都是从将其分解为可控制的要素开始的。存在的现实可以是一个整体，但为了被思考和传达，它必须被分解。我们的头脑与我们的肚子一样不能一口气吞下这个世界整体。所以，每个人，而且不只是马克思和马克思主义者，都是通过区分一定的属性、关注它们并以适当的方式组织它们来开始完成试图理解他或她周围的环境这个任务的”②。换句话说，“每个人”都在抽象，说明那些不懂得或不运用“内在关系哲学”来认识事物的人也在进行“抽象”，尽管其抽象是不恰当的。因此我们不能说是“内在关系哲学”使“抽象”成了可能。但另一方面，我们却能够说，正是“内在关系哲学”使“再抽象”成了可能。奥尔曼说：“把任何事物过去的和可能的未来的发展当成它现在是什么所必要的东西，把这个整体当成一个单一的过程，这些没有阻止马克思为了一个具体的目的而从这个过程中抽象出一定的部分或时刻并把它看

① ［美］奥尔曼：《辩证法的舞蹈——马克思方法的步骤》，田世锭、何霜梅译，高等教育出版社2006年版，第73页。

② 同上。

成相对自主的。由于知道他把现实分解而成的要素是他的抽象的结果，马克思能够对这个现实进行再抽象，把被关注的领域限制在符合他当前的研究要求的范围之内。”[①] 也就是说，由于马克思运用的是“内在关系哲学”，他知道所认识的对象是自己在“内在关系”中进行“抽象”的结果，所以就能够依据自己当下的研究范围来进行“再抽象”，重新规定自己的认识对象。这就导致了马克思的抽象的灵活性。总之，正是“内在关系哲学”使我们在认识事物的时候必须进行“抽象”，也正是“内在关系哲学”使我们在认识事物的时候能够进行“再抽象”，从而具有了抽象的灵活性。

其次，“抽象”是马克思主义辩证法的“支柱”之一。如前所述，虽然是“内在关系哲学”使马克思以及我们自己意识到了抽象的必要——既然界限从来都不是既定的，而且已确立起来的界限从来都不是绝对的——使马克思和我们获得了许可和机会来自由和灵活地进行抽象和再抽象，来决定任何具体事物可以在多大的程度上深入到它的“内在关系”之中；但是，也正是“内在关系哲学”使得马克思和我们都必须进行抽象和再抽象，否则，我们就无法认识处在“内在关系”之中的一切事物。这正如马克思所说的，“一种关系只有通过抽象，才能取得一个特殊的化身，自身也才能个体化”[②]，也就是说，只有通过抽象才

① ［美］奥尔曼：《辩证法的舞蹈——马克思方法的步骤》，田世锭、何霜梅译，高等教育出版社 2006 年版，第 81 页。

② 《马克思恩格斯全集》第 46 卷上，人民出版社 1979 年版，第 87 页。

能使一个具体的“关系”得到认识，“在一个没有绝对界限的世界中，抽象为思考过程的开始提供了不可缺少的第一步”[①]，所以奥尔曼说，“抽象”与“内在关系哲学”一样，也是马克思主义“内在关系的辩证法”的支柱，“在我的解释中，马克思的辩证方法——借用毛泽东的说法——‘靠两条腿站立’：内在关系哲学和抽象”[②]。

最后，马克思主义辩证法的“抽象”的特点，在于它集中在资本主义时代的变化和相互作用（或系统）上：“马克思的，被作为一个集合的抽象的最为独特之处就是它们集中在资本主义时代的变化和相互作用（或系统）上，并将这两者纳入了它们在其中得以发生的独特形式。……马克思试图发现资本主义是什么、它是如何运行的，以及它是如何产生的、它正走向何处。”[③] 奥尔曼认为，虽然每个人都在进行抽象，但真正理解抽象的却只有少数人，多数人都是懒惰的抽象者，他们只是简单且不加批判地接受他们以为是其文化遗产之一部分的精神要素，这样他们就根本不能准确认识现实中具体事物的变化和相互作用。而由于马克思主义的抽象是建立在“内在关系哲学”的基础之上的，所以它能够在内在联系的现实中划分出恰当的界限，从而正确认识资本主义时代的变化和相互作用（或系统），正

---

① ［美］奥尔曼：《辩证法的舞蹈——马克思方法的步骤》，田世锭、何霜梅译，高等教育出版社 2006 年版，第 243 页。

② 参见奥尔曼《辩证法的舞蹈——马克思方法的步骤》，田世锭、何霜梅译，高等教育出版社 2006 年版，第 60 页。

③ ［美］奥尔曼：《辩证法的舞蹈——马克思方法的步骤》，田世锭、何霜梅译，高等教育出版社 2006 年版，第 64 页。

确认识“资本主义生产方式的系统和历史的双重运动”[①]。具体而言，马克思主义的抽象是通过三种抽象模式做到这一点的。这三种模式是：其一，“范围的抽象”，是指在任何事物发展和变化的历史过程中确立界限以便于划定时间上的范围，以及在该事物与其周围环境的相互作用中确立界限以便于划定空间上的范围。可见，这种为了认识某具体事物而划分的暂时界限，在时间上被确立在它的独特历史和潜在的发展中；在空间上被确立在一定时间点上它与其他事物之间所发生的相互作用中。马克思曾说：“在每个历史时代中所有权是以各种不同的方式、在完全不同的社会关系下面发展起来的。因此，给资产阶级的所有权下定义不外是把资产阶级生产的全部社会关系描述一番……要想把所有权作为一种独立的关系、一种特殊的范畴、一种抽象的和永恒的观念来下定义，这只能是形而上学或法学的梦想。”[②] 由此不难看出，马克思的抽象都具有宏大的范围。事实上，只有宏大的范围才能在时间上将某个具体事物变化和发展的历史过程——即它的过去和可能的未来，都作为它本身是什么的一部分而抽象进来；也只有宏大的范围才能在空间上将使某个具体事物的变化和发展得以发生的相互作用抽象进来。总之，只有宏大的范围才能像马克思所说的那样，“按照事物的真实面目及其产生情

① ［美］奥尔曼：《辩证法的舞蹈——马克思方法的步骤》，田世锭、何霜梅译，高等教育出版社 2006 年版，第 149 页。

② 《马克思恩格斯选集》第 1 卷，人民出版社 1995 年版，第 177—178 页。

况”[①] 来加以抽象。例如，只有给资本抽象一个宏大的范围，才可能使它不仅指物质生产资料，而且还包括这些生产资料发展的早期阶段或“原始积累”，甚至一切使它可能如此创造财富的东西，包括正在发展的资本积累、资本积聚和资本集中的趋势，以及这种趋势对世界市场的发展和最终向社会主义过渡的影响；也只有给资本抽象一个宏大的范围，才可能使它包括物质生产资料、资本家、工人、价值、商品、货币以及更多东西之间的相互作用，以及随着时间的推移所发生的所有相互作用。

其二，“概括层次的抽象”，是指为了不仅论述部分而且论述它所属的整个系统，而在一个具体的概括层次上确立界限并突出这个概括层次。例如，马克思对“生产”和“生产一般”的区分，对“作为总体的生产”与“作为一个特殊的生产部门的生产”的区分[②]就是概括层次的抽象。从最具体到最一般，马克思将世界分成了七个概括层次：一是独一无二的东西所构成的层次。在这个层次上，任何独一无二的东西都被放到了关注的中心。二是现代资本主义的层次，指过去的 20 到 50 年。在这里被抽象进中心的，是把个人作为工程师或根据出现在现代资本主义中的其他一些职业来谈论的属性。马克思对一个“特殊的生产部门”的抽象就属于这个层次。三是资本主义本身的层次。在这里，人、他们的活动和结果因为其在资本主义社会中的表现和职能而特有的一切被放到了中心，包括分享

---

① 《马克思恩格斯选集》第 1 卷，人民出版社 1995 年版，第 76 页。

② 《马克思恩格斯选集》第 2 卷，人民出版社 1995 年版，第 3—4 页。

资本主义关系的每个人和这些关系应用的任何地方，以及资本主义时代的全部大约400年的时间。马克思对“作为总体的生产”的抽象属于这个层次。四是阶级社会的层次。这是社会以劳动分工为基础分裂为不同阶级的人类历史时期。此时被放到中心的是人、他们的活动和结果在5000—10000年的阶级历史中所共有的属性，或资本主义、封建主义和奴隶主义作为阶级社会的形式所共有的一切属性，以及这些属性所存在的一切地方。五是人类社会的层次。它放到中心的是人、他们的活动和结果作为人类状况的一部分所共有的属性。在这里被考虑的是所有的人及人类的全部历史。六是动物世界的层次。七是所有层次中最一般的层次，它将我们作为自然界的物质部分所具有的属性放到了中心。在这七个概括层次中最重要的是前五个层次。而每个概括层次上的属性之间的关系表现在两方面：一方面，从最一般到最具体，较一般层次上的属性与较具体层次上的属性之间是背景与其所含东西之间的关系。每个较一般层次都决定了其后较具体层次上所能发生的东西的可能范围，并使其许多选择性中的一个或几个更有实现的可能。例如，资本主义不仅是来自阶级社会的一种可能的发展，而且，阶级社会的性质、劳动分工一产生就固有的动力本身还使资本主义变得很有可能。在这种框架中，我们还可以对马克思所看到的自由与决定性的关系有最好的理解。每个概括层次上都存在着某种选择的可能，也就存在着某种程度和某种性质的自由；而背景的性质又严格地制约着人们的取舍，也就存在着相当程度的决定性。例如，马克思所说的“人们自己创造自己的历史，但是他们并不是随心所欲地创造，并不是在他们自己选定的条件下创造，而是在直接碰到的、既定的、从过去承继下来的条件下创造"[①]，就体现了这样一种自由与决定性之间的关系。另一方面，较具体层次上的属性对于作为背景的较一般层次上的属性存在有利或有害的影响。例如，马克思所说的人们再生产着他们的存在条件就属于这种影响。再如，在我们的时代，与现代资本主义生产有关的有害因素的无节制的增加，不仅已经开始威胁资本主义的持续，而且威胁了人类生存所必要的生态平衡。

上述七个层次上的所有属性是同时出现并同样真实的，但只有在它们所属的概括层次被放到中心时，它们才能被认识到并被加以研究。而为了认识某个具体事物，就有必要抽象一个把主要决定该事物的属性放到中心的概括层次。鉴于马克思主要研究的是资本主义生产方式的双重运动，所以，马克思有关人与社会的论述多数都属于第三层次，即资本主义本身的层次。"资本"、"价值"、"商品"、"劳动"和"工人阶级"等等抽象，无论其范围如何，反映的都是其作为资本主义的一部分所具有的属性。至于前资本主义和后资本主义的发展，都是作为这些资本主义属性的起源和可能的未来而被放到这个层次来加以分析的。马克思也在第二和第四层次上抽象他的主体，例如，在第四层次即阶级社会的层次上研究资本主义、封建主义和奴隶社会的共同点；在第二层次即现代资本主义的层次上研究资本主义经济危机。但马克思在第二和第四层次上进行抽象的频率要小得多。另外，马克

---

① 《马克思恩格斯选集》第1卷，人民出版社1995年版，第585页。

思也偶尔在第一和第五层次上进行抽象，例如，拿破仑三世和人的本性。但这只是一种例外，而且，马克思很少让这两个层次上的属性进入他对社会现象的解释。

其三，“角度的抽象”，是指在一种“关系”内部确立一个角度，从这里进行考察、思考，并整合关系中的其他成分；同时，由范围抽象所决定的这些关系的总和，也成了一个认识它所属更大系统的角度，这个角度既提供了一个研究和分析的起点，又提供了进行研究和分析的视域。选取一个新的角度，则对象中的许多重要差别、部分之间不同的序列以及重要东西的不同意义就都可以被认识了。例如，从充当一定分类标准的属性的角度就能正确认识马克思进行的不同阶级划分；从价值的角度就能正确认识价值的形态变化；从处于矛盾中的两个或更多过程之间的交叉点的角度就能正确认识矛盾；等等。在同一思维活动中，马克思的思想要素不仅获得了一个范围和一个概括层次，而且获得了一个角度。例如，马克思对资本的抽象，不仅给它确定了一个范围和一个概括层次，而且从物质生产资料的角度考察了其相互联系的构成要素，并将这个结构本身当成了考察其所属更大系统的角度。马克思的许多表面上显得矛盾的论断，如“国家是在经济上占统治地位的阶级的一种工具”与“国家是回应经济要求的一套客观建筑，是生产方式自身的一个方面”[①]，都是角度抽象的结果。马克思在“内在关系哲学”中所讲的“关系”也是从某种角度进行考察时包含在其部分之中的一种关系。例如，马克思说：资本和劳动“是同一种关系的表

---

① 《马克思恩格斯全集》第42卷，人民出版社1979年版，第172页。

现，不过是从这种关系的不同的两极出发而已”；流通和生产是资本关系的一部分，而理解资本主义中财富本质的决定性角度是生产①。为了从有利的角度分析资本主义的关系，马克思甚至创造了新的社会要素，其中最重要的是“生产关系”和“剩余价值”。而且，由于马克思认识到任何单一角度都有其局限性，所以，他还经常变换研究主体的角度。例如，马克思研究利润、地租和利息之间关系的角度就有剩余价值、它们的同一性等多种。奥尔曼认为，在马克思著作的每一页都能找到这种角度的转换。

“范围的抽象”、“概括层次的抽象”和“角度的抽象”虽然是三种不同的抽象模式，但它们之间又有着密切的联系，并且是在关于某个具体事物的同一思维活动中同时发生的。首先，所有范围的抽象所建立的关系都属于某个概括层次，而且，在狭窄的范围抽象与很低和很高的概括层次抽象之间存在着大致的一致，被狭窄的范围抽象排除的社会关系也就几乎没有理由要抽象其所属的概括层次了。例如，由于马克思的范围抽象包括许多重要的社会关系，所以，他强调和突出的就是资本主义本身、现代资本主义和阶级社会的层次；而对这些层次的关注又导致了突出和关注这些层次上的属性或关系的范围抽象。其次，马克思所做的范围抽象与概括层次的抽象又极大地影响着他所抽象的角度，反之亦然。范围抽象所包含的相互依存和过程的数量，在很大程度上决定了从这个相同的被作为角度的

---

① ［德］马克思：《剩余价值理论》第 3 册，人民出版社 1975 年版，第 545 页；《剩余价值理论》第 2 册，人民出版社 1975 年版，第 659 页。

抽象出发所能看到和研究的东西；一个概括层次的抽象使马克思突出了现在因范围抽象而单独或共同充当角度的一定属性，而排除了可能在其他概括层次上充当角度的属性；对具体角度的任何规定都使马克思倾向于抽象与它一致的范围和概括层次，并将其中的多数当作角度。在实践中，范围、概括层次和角度是同时确定的，而且它们的影响是直接的，虽然在一定场合，某个方面似乎要占优势。总之，按照奥尔曼的观点，以“内在关系哲学”为根据，“通过巧妙地利用范围、概括层次和角度，马克思把事物放入中心或从中排除、放入更好的中心、放入不同性质的中心，使他自己能够更清晰地进行观察，更准确地进行研究，并且更全面、更动态地理解他所选择的主体”[①]。

三　“逆向研究历史”

奥尔曼指出：“历史就是关于过去的故事，并且像其他任何故事一样，它在过去开始，并向前发展到现在，或人们所希望的无论离现在有多近的时刻。这就是它发生的方式。这也是人们通常讲述这个故事的顺序。然而，并不能由此得出结论说，研究历史的意义，尤其是涉及它的最终结果时，这也是理想的顺序。”[②] 那么，“理想的顺序”应该是什么呢？马克思指出：“资产阶级社会是最发达的和最多样性的历史的生产组织。因此，那些表现它的各种关系的范畴以及

① ［美］奥尔曼：《辩证法的舞蹈——马克思方法的步骤》，田世锭、何霜梅译，高等教育出版社 2006 年版，第 93 页。

② 同上书，第 145 页。

对于它的结构的理解，同时也能使我们透视一切已经覆灭的社会形式的结构和生产关系。资产阶级社会借这些社会形式的残片和因素建立起来，其中一部分是还未克服的遗物，继续在这里存留着，一部分原来只是征兆的东西，发展到具有充分意义，等等。人体解剖对于猴体解剖是一把钥匙。反过来说，低等动物身上表露的高等动物的征兆，只有在高等动物本身已被认识之后才能理解。因此，资产阶级经济为古代经济等等提供了钥匙”[①]；“实际运动——这里说的是以发达的、从自己开始并以自己为前提的资本主义生产为基础的实际运动——是从现有资本出发的”[②]；“对人类生活形式的思索，从而对它的科学分析，总是采取同实际发展相反的道路。这种思索是从事后开始的，就是说，是从发展过程的完成的结果开始的”[③]。奥尔曼据此提出，我们在研究历史的时候应采用“历史的逆向研究”方法，即“逆向研究历史”[④]。奥尔

---

① 《马克思恩格斯选集》第2卷，人民出版社1995年版，第23页。

② ［德］马克思：《剩余价值理论》第2册，人民出版社1975年版，第586页。

③ ［德］马克思：《资本论》第1卷，人民出版社1975年版，第92页。

④ 就我目前所知，“逆向研究历史”的方法最早是奥尔曼在1993年出版的《辩证法探究》中提出来的。我国学者段忠桥教授的论断与奥尔曼的思想不谋而合。他认为，马克思研究资本主义的方法是“以现存的资本主义经济制度为研究的出发点，由此向前去追溯它的起源”以表明它不是从来就有的，同时分析它现存的矛盾以说明它必将为更高级的社会形态所取代。这里的“以现存的资本主义经济制度为研究的出发点，由此向前去追溯它的起源”，就是奥尔曼所说的“逆向研究历史”的方法。（参见段忠桥《马克思的三大社会形态理论》，《史学理论研究》1995年第4期，第30—38页）而我国学者杨耕教授在1992年12月发表的《论马克思的“从后思索法”》（杨耕：《为马克思辩护》，黑龙江人民出版社2002年版，第317—331页）中以“从后思索法”之名所做的论述与奥尔曼所说的“逆向研究历史”的方法在本质上也是相同的。

曼明确指出:“马克思相信,以现在为角度来研究使现在得以产生的各种条件——换言之,如果我们逆向研究历史的话,我们就能够接近对过去如何发展到现在的最好认识。”[①] 不仅如此,奥尔曼还将“逆向研究历史”的方法作为马克思主义“内在关系的辩证法”的一个重要的组成部分。

奥尔曼指出,现实中恰恰有许多人是按照从过去到现在的顺序来研究历史的,即便是马克思唯物史观的论者,其中的大多数也是这样。他们一般都会首先论述使变化得以产生的东西,其次才会论述它所带来的变化,站在前者的角度考察后者,并将后者当作前者的“必然”结果。他们根据马克思关于“各种经济时代的区别,不在于生产什么,而在于怎样生产,用什么劳动资料生产”,以及“随着新生产力的获得,人们改变自己的生产方式,随着生产方式即谋生的方式的改变,人们也就会改变自己的一切社会关系。手推磨产生的是封建主的社会,蒸汽磨产生的是工业资本家的社会”的论断[②],得出结论说,这样的研究顺序不仅是马克思本人研究历史的顺序,也是马克思对我们的要求。相反,按照“逆向研究历史”的方法,我们应该在准确把握现在的基础上,以现在为角度来研究过去,以便在过去之中找到现在的起源。这是一个追寻现在是从哪里来的,以及为了使现在正好获得这些性质过去必须发生什么的问题,即是说,这是一个追寻什么是现在的前提

---

① [美]奥尔曼:《辩证法的舞蹈——马克思方法的步骤》,田世锭、何霜梅译,高等教育出版社 2006 年版,第 115 页。

② [德]马克思:《资本论》第 1 卷,人民出版社 1975 年版,第 204 页;《马克思恩格斯选集》第 1 卷,人民出版社 1995 年版,第 142 页。

的问题。为了解决这个问题，"逆向研究历史"的方法既可以帮助我们确定要寻找的对象，又可以帮助我们确定为寻找这种对象应该向过去深入的程度。相反，如果从过去开始来研究现在，由于还不知道结果或仅仅模糊地知道结果却还没有对它进行深入的研究，那就根本没有理由要选择过去的某一点或某一现象作为研究的开端，同时还会对历史作出单向的因果解释，这是"因为我们要知道一事物是另一事物的前提，只有当后者已经以某种可认识的形式出现时才能够做到。不仅是我们必须把握结果，以便考察是什么充当了它的前提，而且，正是这种结果的产生本身使主要的、紧密相连的过程，即其现在的条件，转变成了前提"①。例如，只有当资本呈现为一种结果的形式时，劳动才能呈现为它的前提的形式。

那么，如何运用"逆向研究历史"的方法来分析和认识资本主义呢？奥尔曼认为，应该按照"现在—过去—未来—现在"的路径②来进行。

首先，分析现在，即寻找资本主义现在中的各种联系，探究构成资本主义现在运行的有机的相互作用的主要线索。这种对资本主义现在的重构具有如下显著特征：一是同一相互作用要从不同的角度进行考察。例如，为了避免作为多数片面研究的标志的过于重视和贬低的问题，马克思就从每一个侧面研究了资本与劳动的关系，他甚至认

---

① ［美］奥尔曼：《辩证法的舞蹈——马克思方法的步骤》，田世锭、何霜梅译，高等教育出版社 2006 年版，第 148 页。

② 参见［美］奥尔曼《辩证法的舞蹈——马克思方法的步骤》，田世锭、何霜梅译，高等教育出版社 2006 年版，第 218 页。

为资本和劳动是"同一种关系的表现，不过是从这种关系的不同的两极出发而已"[①]。二是虽然有前述特征，但是经济过程和经济关系尤其是生产过程和生产关系，无论是作为考察的角度还是被考察的对象，都具有绝对的优先性。三是所有的主观因素与客观因素之间都同样存在着"内在关系"。例如，马克思从来没有离开影响客观条件或被客观条件影响的人来研究这样的客观条件；也没有脱离这样的客观条件来研究人，相反，人总是被放在一定的环境中来加以认识的，这种环境的基本因素成了人是谁以及他是什么的一部分。比如，马克思说："自为存在的资本就是资本家。"[②] 四是资本主义现在被抽象进了各个不同的概括层次，例如，人就分别地是一个独特的个人、一个属于现代资本主义的人、一个属于资本主义时代的人和一个属于阶级社会的人等等。不同概括层次所关注的时间也会相应地发生变化。把资本主义现在置于不同概括层次之上的重要性在于，资本主义未来的不同阶段植根在我们在不同层次上所发现和研究的发展之中。并且，通过将资本主义现在置于不同的概括层次，我们还能像马克思那样看到随着与某一概括层次有关的时代的结束，资本主义社会中的哪些方面就会消失。奥尔曼指出，为了集中于资本主义的独特之处，为了探究资本主义特有的、有机的、相互作用的主要线索——尤其是关于资本积累和阶级斗争，我们必须

① ［德］马克思：《剩余价值理论》第3册，人民出版社1975年版，第545页。

② 《马克思恩格斯全集》第46卷上，人民出版社1979年版，第262页。

像马克思那样突出资本主义本身的概括层次，而省略一些同样是现实的，并且对于不同种类的问题而言具有同样的重要性，但却属于其他诸如人类社会、阶级社会、现代资本主义社会等概括层次的特征，以便暂时集中于我们面前的人、活动和产品的资本主义属性。

其次，回溯过去，将资本主义现在中的各种联系历史化，寻找资本主义现在在过去的最主要的前提条件。奥尔曼指出，正是由于马克思运用的是“逆向研究历史”的方法，从资本主义现在的角度考察它的过去，所以，他才能够集中于过去最为相关的事物，而又不会损害他对贯穿历史的完全的相互作用的坚持。“将资本主义现在中的各种联系历史化”所要解决的问题是，为了使现在成其为资本主义现在，在它的过去必须发生什么，所要说明的是过去所发生的事确实发生了并导致了资本主义的现在。正因为运用“逆向研究历史”的方法，“将资本主义现在中的各种联系历史化”了，马克思关于资本主义起源的研究才导致了他对封建主义尤其是封建主义生产方式的解体的关注。奥尔曼还特别指出，在寻找资本主义现在的历史前提的过程中，马克思着重区分了“两种前提”：第一种前提至少具有一些来自前社会形态的特征；第二种前提本身就完全是一种结果，尽管它们自己结果的早期形式现在已作为前提在起作用。这是“资本主义最初的产生要求什么”与“资本主义的发展要求什么”相比所具有的不同[①]。“资

① ［美］奥尔曼：《辩证法的舞蹈——马克思方法的步骤》，田世锭、何霜梅译，高等教育出版社 2006 年版，第 151 页。

本主义最初的产生”所要求的是第一种前提，而“资本主义的发展”所要求的则是第二种前提。

再次，展望未来，即把研究资本主义现在及其起源时所发现的，发展到未来的这个或那个阶段的趋势再抽象为“矛盾”，并对它们进行思考，在这种思考中找到它们的解决途径以及未来的阶段。“矛盾”在这里是指同一关系中不同因素即相互依存的因素之间性质相反的发展，强调的是它们作为同时既相互支持又相互破坏的过程的相互作用，因为，“当我们把事物看作是静止而没有生命的，各自独立、相互并列和先后相继的时候，我们在事物中确实碰不到任何矛盾。我们在这里看到某些特性，这些特性，一部分是共同的，一部分是相异的，甚至是相互矛盾的，但是在这种情况下是分布在不同的事物之中的，所以它们内部并不包含任何矛盾……但是一旦我们从事物的运动、变化、生命和彼此相互作用方面去考察事物时，情形就完全不同了。在这里我们立刻陷入了矛盾。”① 哪里“没有任何内在联系”，哪里就不可能有任何“相互敌对的关系”，就不可能有任何“矛盾”②。这种矛盾包括了客观条件与主观条件，既涉及资本积累也涉及阶级斗争，但它强调的是客观的经济条件。在奥尔曼看来，马克思的矛盾在组织资本主义中的所有事物包括其中的人的现在状态时运用的是这样的方法，即揭示这些关系集合的发展脉络、正在打破

---

① 《马克思恩格斯选集》第 3 卷，人民出版社 1995 年版，第 461—462 页。

② ［德］马克思：《剩余价值理论》第 3 册，人民出版社 1975 年版，第 559 页。

它们现有平衡的压力以及它们在未来可能发生的变化。马克思把对这种矛盾的思考向未来延伸，直到或超出它们被解决的时候，而那时，它们的解决方式的特征就显示了其后的社会因素。资本主义矛盾的解决方式显示了社会主义的因素，而资本主义、阶级社会和社会主义这些重叠时期的所有矛盾连同与它们有关的异化形式的解决，就标志着由社会主义到共产主义的质的飞跃。正是以这种方式，马克思才形成了他的社会主义和共产主义观。

最后，反观现在，即将已经达到的未来社会主义和共产主义作为角度，重新考察此时被当成这种未来的必要前提的资本主义现在。这时的现在被逆时扩展以致包括了它自己的过去，它们此时被当成了这种未来的必要前提的总和。奥尔曼认为，这最后的一步，尽管几乎没有被理解，但仍然是不可缺少的途径，通过这一步可以给我们的资本主义分析以“最后的加工”[①]；同样，这一步也是研究未来的方法的一部分。正如前面已经看到的，马克思“人体解剖对于猴体解剖是一把钥匙”的观点同样适用于社会前后阶段之间的关系的研究，现在提供了理解过去的钥匙，同样，可能的未来提供了理解现在的钥匙。例如，正是马克思对社会主义和共产主义的理解帮助他把资本主义看成了人类历史的通道而不是终点，并使他更容易地把现在社会所具有的充当社会主义前提的资本主义特有的性质，从它具有的作为阶级和人类社会的实例的性质中区分开来。社

① ［美］奥尔曼：《辩证法的舞蹈——马克思方法的步骤》，田世锭、何霜梅译，高等教育出版社 2006 年版，第 215 页。

会主义和共产主义还给马克思提供了一个标准，按照这个标准，他发现资本主义现在中的更大部分是不够格的。以现在的可能的未来为角度重新审视现在，还可以使存在于现在之中的这种未来的潜在具体化并因此明显化。奥尔曼说，对威廉·福克纳所假定的“过去不是死的——它甚至不在过去之中”的论断，马克思可以补充道：“而且未来不是未来的——它甚至不在未来之中。”把隐藏在工人阶级压制性的日常生活之中的非常的可能性告诉他们并使其对此变得敏感，正如它会增加他们能够成功的自信心一样，将会通过指出如何行动和与谁一起行动（所有那些将会因为这些可能性的实现而立刻获益的人们）而极大地增强他们举行政治行动的力量。在奥尔曼看来，正是通过用社会主义充实资本主义，马克思的辨证分析“解放”了潜在，使它得以在帮助解放我们的过程中发挥其不可缺少的作用。他指出，如果马克思没有走最后这一步，即从未来社会主义和共产主义的角度向后考察资本主义现在，那么他著作中的未来社会主义和共产主义就不会出现，即使是在很小的程度上也不会。

奥尔曼认为，马克思正是按照这种路径分析资本主义，揭示资本主义必然被社会主义和共产主义所取代的历史命运的。那么，我们运用马克思主义“内在关系的辩证法”来研究当代资本主义，也应该运用“逆向研究历史”的方法，按照“现在—过去—未来—现在”的路径进行。即，首先探究当代资本主义的各种“内在关系”，把握当代资本主义这个复杂的“关系”和“巨大的引力场”；其次，探究当代资本主义的来源；再次，将当代资本主义及其来源中的各种发展趋势抽象和组织为各种矛盾，思考这种矛盾在未来的统治阶级即工人阶级手中的可能的解决方式，由此揭示未来的社会主义和共产主义；最后，以未来的社会主义和共产主义为角度，重新审视当代资本主义。而且，由于这种过程是持续不断、反复进行的，“在过去中寻找现在的前提，预测其可能的未来，在此时被看成过去的延伸的现在中寻找这种未来的前提，这种重构现在的工作永远都不会真正得到完成”①，所以，我们对当代资本主义的研究和认识是一个不断进行的过程。对当代资本主义认识中的每一个进步都会导致对当代资本主义在过去的前提条件的更加深入的探究，继之是对社会主义和共产主义未来的更加深刻的思考，以及对充当这种未来的前提条件的现在—过去的更加深入的重新审视。

第二节　西方马克思主义分析当代资本主义方法论上的两种路向

资产阶级在认识当代资本主义的时候抛弃或滥用辩证法的倾向是显而易见的。因而，正如马克思所说的，“辩证法，在其合理形态上，引起资产阶级及其夸夸其谈的代言人的恼怒和恐怖，因为辩证法在对现存事物的肯定的理解中同时包含对现存事物的否定的理解，即对现存事物的

---

① ［美］奥尔曼：《辩证法的舞蹈——马克思方法的步骤》，田世锭、何霜梅译，高等教育出版社2006年版，第215页。

必然灭亡的理解；辩证法对每一种既成的形式都是从不断的运动中，因而也是从它的暂时性方面去理解；辩证法不崇拜任何东西，按其本质来说，它是批判的和革命的”①。既然辩证法具有“批判性”和“革命性”的本质，那么，试图证明当代资本主义永恒存在的资产阶级就理所当然会对辩证法感到“恼怒和恐怖”，丝毫没有可能运用辩证法来认识当代资本主义，这是毫无疑问的。但问题是，对当代资本主义仍然要被社会主义和共产主义所取代的历史命运不存怀疑的西方马克思主义学者，在认识当代资本主义的方法论方面，也出现了两种不同的路向：其一，抛弃或忽视马克思主义辩证法的倾向；其二，坚持马克思主义辩证法的方向。

一　抛弃或忽视马克思主义辩证法的倾向

在马克思主义的发展史上，关于应该坚持辩证法还是要抛弃辩证法的争论，可以说是一直都存在。19 世纪末 20 世纪初，资本主义进入帝国主义阶段，各方面都出现了一些新情况，社会的基本矛盾以及由此在社会革命方面出现的新问题，自然科学的新发现，使得在认识论和发展观方面出现了一些新的课题，而资产阶级和工人运动中的机会主义者都利用这些新情况和新问题，向马克思主义挑战，掀起了反对马克思主义辩证法的思潮。他们毁谤马克

① 《马克思恩格斯选集》第 2 卷，人民出版社 1995 年版，第 112 页。

思主义的唯物辩证法，宣传庸俗进化论。[①] 例如，第二国际重要的理论家伯恩施坦和考茨基都先后背叛马克思主义，反对马克思主义辩证法。伯恩施坦说，辩证法是"陷阱"，是"妨碍对事物的一切合理观察的圈套"[②]，所以他"指责马克思、恩格斯吸取了黑格尔的辩证法是'最致命的地方'，叫嚷社会民主党的哲学必须承继斯宾塞的进化论，以便在政治上推行一条改良主义路线"；考茨基则"用折衷主义和诡辩术来偷换辩证法"并成了"耍这套偷换把戏的大师"[③]。在这种情况下，除了列宁、普列汉诺夫等马克思主义者以外，一些西方马克思主义者也站了出来，捍卫马克思主义的辩证法。比如，"西方马克思主义"的创始人卢卡奇就明确指出："如果摈弃或者抹杀辩证法，历史就变得无法了解"，因为"辩证法是能给行动指明方向的认识现实的唯一方法"[④]。卢卡奇的代表作《历史与阶级意识》一书的副标题就是"关于马克思主义辩证法的研究"，他在书中强调指出："马克思主义问题中的正统仅仅是指方法。它是这样一种科学的信念，即辩证的马克思主义是正确的研究方法，这种方法只能按其创始人奠定的方向发展、扩大和深化。而且，任何想要克服它或者'改

---

① 参见商英伟等《马克思主义辩证法史》，吉林人民出版社 1987 年版，第 16 页。

② 商英伟等：《马克思主义辩证法史》，吉林人民出版社 1987 年版，第 16 页。

③ 黄楠森：《马克思主义哲学史》，高等教育出版社 1998 年版，第 207、214 页。

④ ［匈］卢卡奇：《历史与阶级意识》，杜章智等译，商务印书馆 2004 年版，第 60、70 页。

善'它的企图已经而且必将只能导致肤浅化、平庸化和折衷主义。"[①] 卢卡奇甚至提出，"即使一个人放弃了马克思的全部论点，但只要他还坚持马克思的辩证法思想，他就仍然是一个正统的马克思主义者"[②]；"即使马克思的每一个论点都被驳倒，只要坚持马克思的辩证法，就是坚持了马克思主义的正统"[③]。

历史往往有惊人的相似。当历史走向 20 世纪 70 年代以后，辩证法同样遭到了许多西方马克思主义者的蔑视和抛弃，尽管我们不能由此断定这些蔑视和抛弃马克思主义辩证法的西方马克思主义者就是伯恩施坦和考茨基式的机会主义者。"分析的马克思主义"是这种蔑视和抛弃辩证法的典型，因为该学派竟然会"公开地敌视辩证法"[④]。按照奥尔曼的观点，"分析学派的马克思主义"源于英国分析哲学，主张"语义分析"。该派学者认为，马克思的原著不准确，概念含糊不清，应给予加工，因此，他们强调要"重读和加工"马克思的原著，使之严谨起来，以便于用"严谨"的马克思主义来"分析"当代资本主义。但正如罗伯特·韦尔所说的，"必须看到，几乎没有一个分析的马克思主义者给予辩证法以任何重视，除了把它视为一

---

① ［匈］卢卡奇：《历史与阶级意识》，杜章智等译，商务印书馆 2004 年版，第 48 页。

② 参见段忠桥《再谈分析的马克思主义的主要特征》，《马克思主义研究》2000 年第 6 期，第 84—93 页。

③ 安启念：《新编马克思主义哲学发展史》，中国人民大学出版社 2004 年版，第 245 页。

④ David Harvey：*Justice，Nature and the Geography of Difference*，Oxford：Blackwell，1996，pp. 47.

种非常抽象的谈论相互关系和变化的方式。这一看法在分析的马克思主义的哲学家和社会学家中是得到普遍同意的。很多分析的马克思主义者将辩证法，或至少将对它的多数的应用，包括到在他们一系列论述中间接提到的‘日益受到怀疑的方法’中”[①]，“分析的马克思主义”在“重读和加工”马克思的原著以及用“严谨”的马克思主义来“分析”当代资本主义的过程中，却蔑视和抛弃了马克思主义的辩证法。之所以我们如此断言，是因为以下三点：

首先，“分析的马克思主义”所运用的“分析方法”与辩证法是相抵触的。“分析方法”的基础，正如该学派的主要创立者之一和该学派的主要代表，英国牛津大学社会与政治理论教授科亨所明确指出的，是一种可以被称为“外在关系的逻辑”。按照这样的逻辑，事物是它们自身，并且在其自身中有着其本质属性，而完全独立于它们所处的关系之外。概括地说，事物不受其关系或环境的影响。换句话说，关系是外在于和独立于相关事物的：“由关系联结的事物不属于这些关系所构成的结构”，这与洛克的关系“没有包含在事物的现实存在之中，而是某种外来的和附加的东西”的观点是完全相同的。用这种分析方法来认识事物，则其结果就是将事物从它们的背景中移出，并因此造成一种关于它们的抽象说明；是将世界分割为一系列互不相关的原子般的个体，并因此造成一种关于现实的机械解释。比如，按照这种分析，生产力与生产关系就应

---

① 转引自段忠桥《再谈分析的马克思主义的主要特征》，《马克思主义研究》2000年第6期，第84—93页。

该被看成是完全不同和彼此分离的。生产力是一回事，而生产关系是另一回事：“生产力并非经济结构的一部分”；“生产关系单独而非生产力构成经济结构”。恰恰因为“科亨依赖着分析方法。他支持对他正在将其纳入各组成部分进行思考的总体的分析。他支持将一定具体整体的不同要素和方面予以分离和孤立，并在这种孤立状态中对它们进行思考和解释”，所以他所得到的分析“结果就是造成了一种关于现实的碎片状和原子状的画面”。与此相反，辩证法拒绝这种外在关系的逻辑。辩证法认为，为了理解事物的具体属性，在一个更大的整体中，在它们与其他事物内在联系的背景中考察它们，是至关重要的。对辩证法来说，从本质上讲，具体和独特的事物总是与一个更大整体中的其他事物有关的，总是与它们相互联系的，总是与它们相互作用的。这种关系背景对于事物的本质而言是内在的和必然的，而不是外在的和偶然的。①

其次，“分析的马克思主义”的主要代表科亨和罗默都非常明确地表明了其对辩证法的轻视和否定态度。科亨说：“分析的马克思主义者不认为马克思主义拥有一种独特的和有价值的方法。别的人则认为它拥有这样一种方法，他们称它为‘辩证的’方法。但我认为，虽然‘辩证的’这个词并不总是在缺少明确含义的情况下使用，但它从未被明确用来指称一种同分析的方法相匹敌的方法，因为这样一种能够挑战分析的推论的辩证的推论形式是不存

① See Sean Sayers: “Marxism and the Dialectical Method”, *Radical Philosophy 36* (*Spring*, *1984*). pp. 4 - 13.

在的。相信与分析方法相匹敌的辩证法只能在一种糊涂的思想环境中存在"[①]；"显然，一个马克思主义者可以……不认可""社会生活的全部因素都是互相联系的。它们彼此强烈地影响并集合形成一个不可分离的整体"这个"命题"。正因为科亨"对黑格尔主义和辩证思维完全持敌对态度"[②]，所以，虽然"事实上，批判机械形式的唯物主义，主张认识具体历史过程的复杂性和丰富性需要一种辩证形式的唯物主义，一直都是'传统的'马克思主义哲学中一个标准的部分"，但科亨却"试图几乎完全忽略传统图景中的这一方面，而他对辩证法的微乎其微的讨论也是充满敌意和轻蔑的"[③]。罗默在谈到"分析的马克思主义"的出现时说道："那时，将我们联合到一起的更多的不是政治方面的因素，而是这样一种观点，即公认的社会科学的方法并不像很多马克思主义者想象的那样充满着资产阶级的东西。我们反对这样的主张，即马克思主义暗含了一种特殊的'辩证逻辑'；我们当中有人（埃尔斯特）把'辩证法'重新解释为这样一种主张，即个人的最优化有时可以导致社会的非最优化的状态（集体行为的问题）；我们当中还有人仅把'辩证法'视为一种既可用来证明任

---

① 转引自段忠桥《再谈分析的马克思主义的主要特征》，《马克思主义研究》2000 年第 6 期，第 84—93 页。

② 参见［英］塞耶斯《分析马克思主义与道德》，［加］罗伯特·韦尔等《分析马克思主义新论》，鲁克俭、王来金、杨洁译，中国人民大学出版社 2002 年版，第 66—85 页。

③ Sayers："Marxism and the Dialectical Method"，*Radical Philosophy 36* (*Spring*，*1984*). pp. 4 - 13.

何事物，又可用来证明其对立面的模糊的观点。”罗默的这段话表明，“所有的分析的马克思主义者都不认为马克思主义与辩证法有着内在的联系，因而，他们之中有的人把‘辩证法’重新解释为一种与马克思主义无关的主张，有人则把辩证法说成是一种证明事物的模棱两可的观点。这还不是反对马克思主义的辩证法吗？”①

最后，“分析的马克思主义”者表述辩证法的形式也表明了其对辩证法的轻视和否定态度。例如，“科亨在《卡尔·马克思的历史理论——一个辩护》中试图用一种完全是非辩证的——事实上是反辩证法的——方式来解释马克思主义”②，以至于他总是将“辩证法”置于引号之中，比如，科亨说：“喜欢‘辩证法’语言的人可以说：黑人是又不是奴隶，机器是又不是资本。但这些是含糊其词的表达。”③ 显而易见的是，科亨并非因强调辩证法而将其置于引号之中，相反，他的这种做法表明他对辩证法是“充满敌意和轻蔑的”④，美国纽约州立大学布法罗分校哲学系教授、美国哲学学会马克思主义哲学研究会主席詹姆斯·劳勒就一针见血地指出：科亨在其整部著作中，都如此“轻蔑地对待通常被他放在惊慌的引号里的‘辩证法’

---

① 段忠桥：《再谈分析的马克思主义的主要特征》，《马克思主义研究》2000 年第 6 期，第 84—93 页。

② Sayers：“Marxism and the Dialectical Method”，*Radical Philosophy 36*（*Spring*，*1984*）. pp. 4－13.

③ ［英］柯亨：《卡尔·马克思的历史理论——一个辩护》，岳长龄译，重庆出版社 1989 年版，第 95 页。

④ Sayers：“Marxism and the Dialectical Method”，*Radical Philosophy 36*（*Spring*，*1984*）. pp. 4－13.

观念”①。

根据奥尔曼的观点，除了“现在自称为‘分析的马克思主义者’的那些人……要求完全抛弃辩证法”② 以外，还有许多马克思主义学者事实上抛弃了辩证法。那就是，20世纪80年代以来，在西方马克思主义的研究中形成的除开“分析学派的马克思主义”以外的九大学派。除了“分析学派的马克思主义”的语义分析法以外，这九大学派都针对如何认识当代资本主义进行了不懈的探索，提出了相应的分析和认识当代资本主义的方法：

第一，“解构主义的马克思主义”的解构法。其代表人物是法国学者德里达和福柯。德里达对人们用于描述资本主义的话语予以解构，极力在语言和文本中找到社会中潜在的权力压迫关系；福柯既研究语言，也研究微观权力结构，注重微观社会中的权力压迫关系。可见，“解构主义的马克思主义”研究和分析的重点在于权力的压迫性，即社会的权力关系、权力的滥用。该派学者不仅关心工人受到的压迫，也关心妇女、有色人种、同性恋者以及政治家等所受到的压迫，因此，他们不仅反对资本主义，也反对历史上的各种压迫，力图让社会中所有不受重视的人都能发出自己的声音。

第二，“文化马克思主义”的文化批判法。其代表人物是英国文学教授雷蒙德·威廉斯。该派学者运用马克思

---

① ［美］劳勒：《马克思主义哲学和共产主义》，欧阳康，《当代英美哲学地图》，人民出版社2005年版，第671、668页。

② Bertell Ollman and Tony Smith: “Dialectics: The new frontier: Introduction”, *Science and Society*, 1998—03, pp. 333-337.

主义对当代资本主义进行文化批判。他们用马克思主义的眼光来看待当代资本主义的诸如文学、电影、音乐、广告等文化作品，认为资本主义意识形态不是通过上课、讲话，而是通过这些文化作品进入人们头脑的。在这个过程中，资产阶级推行的是“文化霸权主义”，资产阶级正是利用这种“文化霸权”来“控制人民大众”并造成人民大众的“异化”的。

第三，“社会运动的马克思主义”的关注运动法。其代表人物是美国经济学家詹姆斯·奥康纳。该派学者关注女权主义、生态主义、和平主义及同性恋运动等社会运动。尽管参加这些运动的人通常否认自己是马克思主义者，但该派学者试图“极力证明这些运动实际上是马克思主义运动”，试图使参加这些运动的人们明确两点：一是这些人所受到的痛苦与资本主义有联系，“资本主义才是他们最大的敌人”；二是这些人所属各团体所受到的压迫与工人所受到的压迫是有联系的，他们“应与工人一起谋求改变”。

第四，“女权主义的马克思主义”的关注女权法。其代表人物是法国社会学家克里斯蒂娜·德尔菲。该学派研究阶级压迫和性压迫的关系问题，以及女性在未来社会主义社会应起什么作用的问题。

第五，“马克思主义解放神学”的罪恶分析法。该派学者都是宗教人士，其代表人物是美国黑人康纳·怀斯特。他们运用马克思主义关于“罪恶不是个别人的，而是整个社会的结构之罪”的思想分析社会中存在的“罪恶”。认为“罪恶”并非像基督教在2000年前所说的那样“是个别人的”，相反，“整个社会都是罪恶”，因为，是“社会的结构”迫使人们相互竞争、相互仇视，使他们受到惩罚、不能合作；是“社会的结构”使人们不能像基督教所教导的那样，如兄弟姐妹一样相处，而是要如在市场里那样，不得不为一个工作岗位或致富而竞争；是“社会的结构”要求人们这样做，而不能成为一个好的基督徒。在他们看来，“这样做得最多的社会就是资本主义”，因此，资本主义就是一个“罪恶的社会”，一个“不公平的社会”。于是，他们要运用“不仅符合真理，也符合正义”的马克思主义来批判资本主义。

第六，“乌托邦马克思主义”的乌托邦描述法。其代表人物是法国社会学家米歇尔·阿尔伯特。鉴于西方人对苏联和中国所实行的社会主义感到失望（在美国，当人们想到社会主义时，就想到苏联的社会主义，但他们所想的不是苏联的现实，而是媒体中所描述的情况，这种情况比实际情况要坏一百倍），对北欧社会民主主义的实践也感到失望，该派学者认为，“乌托邦还是必要的”，因为要使人们对作为当代资本主义替代物的“社会主义有所响应，就必须对社会主义和共产主义是什么样子有更好的描述”。于是，他们把社会主义描述成了乌托邦，希望以此描述一个更有吸引力的社会主义蓝图。

第七，“市场马克思主义”的乌托邦描述法。其代表人物是大卫·施威卡特。该派学者认为，市场是中性的，它既可以为资本主义服务，也可以为社会主义服务；市场还是不可能取消的，人们只能把社会主义同市场结合起来，以建立不同于资本主义的市场。奥尔曼认为，因为社会民主党把社会主义同市场相结合的做法已经失败，这种失败表明社会主义与市场毫不相容，而“市场马克思主义”却无视这一点，所以，“市场马克思主义”“实际上也是一种乌托邦主义”，只是他们从不承认这一点，反而认为自己是最现实的罢了。以此，“市场马克思主义”与“乌托邦马克思主义”的方法本质上是完全相同的，即都是一种乌托邦描述法。

第八，“‘世界体系’的马克思主义”的体系分析法。其代表人物是纽约州立大学教授伊曼纽尔·沃勒斯坦。该派学者认为不能在个别国家内部的生产方式、分配和分工关系这一狭窄的范围理解资本主义，而强调从世界分工的角度解释资本主义。于是，他们还研究了一个重要问题，即从何时起资本主义变成了世界资本主义。

第九，“管理学派，或资本积累的社会结构理论”的资本积累分析法。其代表人物是法国的米歇尔·阿格里塔和美国的大卫·戈尔登。该派学者重点研究了“资本主义的财富是如何积累起来的”这一问题。他们把资本积累划为不同阶段和不同模式，把这些积累过程同资本主义政治制度的分析结合起来。奥尔曼认为，“管理学派，或资本积累的社会结构理论”与“‘世界体系’的马克思主义”是互补关系。①

---

① 以上关于十大“修正的马克思主义”学派的介绍，参见《美奥尔曼教授在中国谈马克思主义》，http：//www. weiweikl. com/GYZC49. htm 和罗燕明：《美国奥尔曼教授谈西方马克思主义研究中的十个流派》，《国外理论动态》1995 年第 2 期，第 9—12 页。

恩格斯指出："蔑视辩证法是不能不受惩罚的。"[1] 有鉴于此，奥尔曼指出，正是因为上述学派"对辩证法的忽视和滥用"[2]，正是因为他们都"反对辩证法……他们不重视对资本主义社会作整体分析。他们的研究对象或者仅限于社会的片断，或者过于宽泛"[3]，于是，他们"不像马克思那样针对资本主义进行研究"，有些学派研究的范围比资本主义小，有些又大于资本主义的历史，所以尽管它们都"各有长处"[4]，都能运用各自的方法对当代资本主义作出一定的分析和批判，但他们的分析中都存在着各种各样的"缺陷"。例如，对"分析学派的马克思主义"[5] 而言，不幸的是，如同多年前一位哲学家所说的"人们不能对有些事物的本质作较准确的叙述，因为他们太复杂"，这派学者"将他们认为社会中那么复杂的，不能精确描述的部分忽略过去了"；即便说"他们所说的马克思主义是非常清晰的"，但他们所说的"与马克思所说的是有不同的"，这"就像一个马夹，马夹的形式非常简洁，但人在其中，动弹不得"，所以，他们的"马克思主义"在研究当代资

---

① 《马克思恩格斯选集》第 4 卷，人民出版社 1995 年版，第 300 页。

② 段忠桥等编译：《马克思主义、市场经济与当代世界——伯特尔·奥尔曼教授访谈录》，《当代世界与社会主义》2004 年第 3 期，第 152—155 页。

③ 罗燕明：《美国奥尔曼教授谈西方马克思主义研究中的十个流派》，《国外理论动态》1995 年第 2 期，第 9—12 页。

④ 《美奥尔曼教授在中国谈马克思主义》，http：//www. weiweikl. com/GYZC49. htm.

⑤ "分析学派的马克思主义"转向政治哲学之后，其抛弃辩证法的做法依然是一以贯之的。它对当代资本主义的分析与批判仅仅停留在主观的道德之上，按照奥尔曼的观点，其中的"缺陷"仍然是非常明显的。

本主义社会时“没有多大用处”①。这恰如塞耶斯所说的，“科亨对分析方法的运用和对辩证方法的拒斥使他对马克思的历史理论作出了系统性的曲解，它既违背了马克思自己的思想，又不足以解释具体的历史现实”②。再如，正因为“解构主义的马克思主义”研究和分析的重点是一切权力的压迫性，所以其“特点是对资本主义研究得较少”；“社会运动的马克思主义”将其主要关注点放到了某一种形式的压迫之上，如对妇女的压迫，对同性恋的压迫等，如此则对资本家对工人的压迫关注不够；由于“‘世界体系’的马克思主义”讨论资本主义历史的时间太长，从而导致其对现实政治“没有太多的关注”；十大学派“都对阶级斗争重视不够，对工人阶级在阶级斗争中的作用也研究不够”。而正是因为这十大学派对当代资本主义的分析和批判都存在着这样那样的“缺陷”，所以“都不深刻……对那些受压迫的人并没有多少帮助”③。

奥尔曼对20世纪80年代以来西方马克思主义研究中

---

① “分析学派的马克思主义”的最主要代表G.A.科亨和约翰·罗默都在20世纪80年代以后纷纷转向了对政治哲学的研究，因为，在他们看来，社会主义之所以优越于资本主义，不是因为什么客观的“历史必然性”，而是因为社会主义比资本主义更为平等。而且，在科亨和罗默的倡导和影响下，一些分析的马克思主义者都逐渐把研究重心转向了当代政治哲学，并最终形成了一种可与以罗尔斯为代表的自由主义政治哲学和以诺锡克为代表的自由至上主义政治哲学相抗衡的马克思主义政治哲学。（参见段忠桥《转向政治哲学与坚持辩证法》，《哲学动态》2006年第11期，第25—29页。）

② Sean Sayers：“Marxism and the Dialectical Method”，*Radical Philosophy* 36（*Spring*，*1984*）. pp. 4－13.

③ 《美奥尔曼教授在中国谈马克思主义》，http：//www. weiweikl. com/GYZC49. htm.

的学派的划分还可以再探讨；他对他所说的十个学派的整体评价也可以继续讨论，比如，"女权主义的马克思主义"的情况就已经发生了很大的变化：当今"女权主义的马克思主义"的重要代表——美国科罗拉多大学博得分校社会学教授马撒.E. 吉梅内斯就已经明确指出，必须考查产生和再次产生目前男女之间不平等关系以及各种意识形式的资本主义条件，而如果要以马克思的理论和方法立场来进行这种考查，来分析女人所受到的压迫的话，就必须理解马克思辩证的和唯物的本体论和方法论，以及历史唯物主义的基本原则[①]，很清楚，吉梅内斯已经认识到"女权主义的马克思主义"必须应用马克思的辩证法，包括"马克思对抽象的辩证理解"及其"关于一般与具体的辩证法"，等等[②]。尽管如此，但从上面的论述中我们至少可以看到，在当代西方马克思主义学者认识当代资本主义的方法论选择方面，存在着一种明确的倾向，即抛弃或忽视马克思主义辩证法的倾向，这是事实，用恩格斯的话来说就是："所有这些先生们所缺少的东西就是辩证法。他们总是只在这里看到原因，在那里看到结果。他们从来看不到：这是一种空洞的抽象，这种形而上学的两极对立在现实世界只存在于危机中，而整个伟大的发展过程是在相互作用的形式中进行的（虽然相互作用的力量很不相等：其中经济运动是最强有力的、最本原的、最有决定性的），这里没

---

① Martha E. Gimenez："Capitalism and the Oppression of Women：Marx Revisited"，*Science and Society*，2005—01，pp. 11－32.

② Ibid.

有什么是绝对的，一切都是相对的。对他们说来，黑格尔是不存在的……”①

二　坚持马克思主义辩证法的方向

与上面所说的那些蔑视和抛弃马克思主义辩证法的西方马克思主义学者不同，另一些同时代的西方马克思主义学者却坚持认为，要想正确分析和认识当代资本主义，离不开马克思主义的辩证法。于是，他们形成了另一个路向，即捍卫和坚持马克思主义辩证法的方向。其中的主要代表人物有：奥尔曼、美国约翰·霍普金斯大学地理学与环境工程系教授、我国同济大学名誉教授戴维·哈维、英国肯特大学哲学教授肖恩·塞耶斯、美国杜克大学讲座教授弗雷德里克·詹姆逊、詹姆斯·劳勒等。

例如，哈维“希望给面对的一般问题提供一种辨证的和关系的方法”，他指出，“由于显然的原因，在社会科学中对这种思维方式的抵制是非常强烈的。就这一点来说，我发现自己……强烈反对社会理论以及物理、生物和工程科学的绝大部分舒服的并常常毫无疑问的实证主义者立场，或思想和工作的简单的经验主义方式。我想说服这些领域的同行们，对辩证法的理解将会以各种方式加深我们对社会—生态过程的理解，而完全不会否认或抛弃通过其他途径所得到的结论”，他“尤其希望提供辨证方式来强调关系和整体，并反对孤立的因果链和大量分离的且有时

---

①《马克思恩格斯选集》第 4 卷，人民出版社 1995 年版，第 705 页。

是矛盾的假设"[①]；塞耶斯则"力图表明，辩证方法是一种恰当的历史理论的必要基础，也是马克思思想中一个并非可有可无的部分"，或者说，他"要争辩的是，辩证法是一种令人满意的历史理论所必要的基础，也是马克思思想中一个必不可少的部分"[②]；詹姆逊同样坚定地表明，"我自己的立场观点（或感觉或意识形态）是，辩证法与马克思主义是不可分割的，就像马克思主义与社会主义不可分开一样。因此，如果我们仍然需要（这种或那种）社会主义，我们最终必须使辩证法摆脱被遗忘的状态；另一方面，我们还必须承认这样的事实：对辩证法的攻击最终也是对社会主义的攻击，因此必须对这些攻击进行回答和反驳。……这个时代冷嘲热讽的理由，它的悲观主义，它的失败的经验，它相信未来太不吉祥而不能细想，我们最好生活在现在而不去对它考虑——这种一般化的时代精神需要辩证法，在我们当前的境遇里，辩证法是希望和修复的信息，就像其他人认为它已经成为失败的信息一样。因为辩证法总是指责时代精神：它是一种对抗和矛盾的原动力量，它总是具有对抗和颠覆时代精神的倾向。就此而言，对我们来说它是乌托邦的，可以说它是以世俗的、唯物主义的方式，重新肯定保罗·克劳代尔……一个剧本所附的绝妙箴言，即'最坏的事情并非总是不可避免的'，最低点或最消沉的时刻也是伟大辩证的扭转的时刻，在这种转

---

① David Harvey：*Justice*，*Nature and the Geography of Difference*，Oxford：Blackwell，1996，pp. 6－7.

② Sean Sayers："Marxism and the Dialectical Method"，*Radical Philosophy 36*（*Spring*，*1984*）. pp. 4－13.

折时刻，失败再次变成希望，丧失权力变成新的可能的源泉。很少其他哲学能够提供这种重新肯定，而这种重新肯定是一个不容忽视的策略”[①]。

由于上述马克思主义学者都强调马克思主义辩证法的至关重要、不可替代的作用，所以我们将他们归入一个学派，即“辩证法的马克思主义”学派[②]。由于奥尔曼是该学派最主要的代表人物，并且本书旨在探讨奥尔曼对当代资本主义所作的辩证分析，所以关于哈维、塞耶斯、詹姆逊等运用马克思主义辩证法对当代资本主义进行的分析，我们将另作专门的论述。

列宁指出：“马克思的全部理论，就是运用最彻底、最完整、最周密、内容最丰富的发展论去考察现代资本主义。自然，他也就要运用这个理论去考察资本主义的即将到来的崩溃和未来共产主义的未来发展。”[③] 奥尔曼提出了同样的论断，他强调说，“从一开始就强调马克思主要关注的是资本主义非常重要。马克思试图发现资本主义是什么、它是如何运行的，以及它是如何产生的、它正走向何处”[④]。可见，马克思主义辩证法的主要关注点本来就是资本主义，其主要目的就在于分析和认识资本主义，试图揭

① ［美］詹姆逊：《什么是辩证法》，王逢振译，《西北师大学报》（社科版）2005年第5期，第1—7页。

② 段忠桥教授在《20世纪70年代以来英美的马克思主义研究》中将“辩证法的马克思主义”作为20世纪70年代以来英美马克思主义六个主要学派之一，并对其进行了一定的介绍。

③ 《列宁选集》第3卷，人民出版社1995年版，第186页。

④ ［美］奥尔曼：《辩证法的舞蹈——马克思方法的步骤》，田世锭、何霜梅译，高等教育出版社2006年版，第77页。

示资本主义的现在、过去与未来。既然如此，我们在分析和认识作为资本主义一部分的当代资本主义的时候，为什么不使用这样的辩证法呢？正是在这种意义上，他表示：“我不仅想要表明马克思运用了什么辩证方法和他是怎样运用它的，而且还想帮助我们将它运用于，并且是更经常、更有效地运用于我们今天的资本主义。”① 这说明，在奥尔曼看来，就分析和认识当代资本主义而言，马克思主义辩证法是我们可以运用的方法。

但奥尔曼的观点决不止于“可以”运用这样的认识，因为，如果止于这种认识，那就表明，马克思主义辩证法是我们“可以”运用的一种方法，但除此之外，我们还可以运用其他方法来分析和认识当代资本主义。奥尔曼的观点显然不是如此。根据他的观点，马克思主义辩证法还是“研究由处于不断演进之中的相互依存的过程所构成的世界的惟一明智的方法”，进而言之，马克思主义辩证法也是研究资本主义的“惟一明智的方法”。因此，奥尔曼干脆而又明确地断言：“离开辩证法，马克思就不可能达到其对资本主义的认识。同样，离开对辩证法的牢固把握，我们就不能进一步发展这种认识。”② 可见，在奥尔曼看来，马克思主义辩证法是分析和认识当代资本主义的“惟一明智的方法”。既然是“惟一明智的方法”，那就说明，马克思主义辩证法是我们分析和认识当代资本主义“必

① 段忠桥等编译：《马克思主义、市场经济与当代世界——伯特尔·奥尔曼教授访谈录》，《当代世界与社会主义》2004 年第 3 期，第 152—155 页。

② ［美］奥尔曼：《辩证法的舞蹈——马克思方法的步骤》，田世锭、何霜梅译，高等教育出版社 2006 年版，第 203—204，14 页。

须”坚持和运用的方法。只有坚持和运用这样的方法，才能有关于当代资本主义的正确分析和认识，否则就必然出现这样那样的“缺陷”。而且，奥尔曼还认为，面对当代资本主义，“我们现在比以往更需要辩证法”[①]。那么，究竟为什么奥尔曼会认为分析和认识当代资本主义的“惟一明智的方法”是马克思主义辩证法呢？根据奥尔曼的观点，之所以如此，其主要原因有以下几点。

第一，当代资本主义是一个“比以前要复杂得多，其变化和相互作用比以前要迅速得多”，且“从来没有如此充满着辩证法”的“巨大的引力场”。离开马克思主义“内在关系的辩证法”，它就不能被看到，更谈不上被正确认识了。

天文学家曾经宣称发现了一个被其命名为“巨大的引力场”的东西，而这个引力场就是因为太大了才延误了被发现的时间。资本主义正是这样一种“巨大的引力场”。它由人们之间一系列复杂的关系、人们的活动及其产品构成，并且由于相互作用是不断发展的，所以它包括着这种相互作用自始至终的发展，向后包括其起源，向前包括它正在形成的一切。不仅如此，资本主义作为一个引力场，还对在其内部活动的一切有着重大的影响。但问题恰恰在于它太大了，太普遍了，以至于几乎无人看见它。况且，“事实上，没有哪个世纪经历了我们这个世纪所经历的那么多的社会变化，也没有哪个时期经历的变化比“二战”

① ［美］奥尔曼：《辩证法的舞蹈——马克思方法的步骤》，田世锭、何霜梅译，高等教育出版社 2006 年版，第 219 页。

以来所经历的变化更快”，“现阶段的资本主义所具有的特征是，它比以前要复杂得多，其变化和相互作用比以前要迅速得多……社会从来没有如此充满着辩证法”[①]。可见，当今的资本主义这个本来就是一个“巨大的引力场”的东西变得更为巨大更为复杂了，以至于本来就很难被人们看见的资本主义变得更难被看见了，以至于“我们生活在这样一个时代：几乎无人使用‘资本主义’这个术语，多数人不知道资本主义意味着什么，甚至更多的人没有对资本主义的系统特征或它的运行方式的认识”。如此就更谈不上认识——资本主义“变化的速度有多快？并且更为重要的是，它正朝着什么方向变化？”——这样一个“恰恰”急需解决的问题了，因为“人们没有看到资本主义，就更谈不上理解资本主义了”[②]。

为什么人们看不到资本主义呢？问题就在于他们没有利用马克思主义“内在关系的辩证法”来认识资本主义。虽然几乎没有人会否认现实中的变化和相互作用，但人们在认识这种变化和相互作用时却使用了极为不同的方法，而忽视了马克思主义“内在关系的辩证法”的作用。离开了这种辩证法，他们就把任何事物与其他一切事物之间的联系和相互作用当成了外在于该事物的东西，也把该事物自己的过去和可能的未来当成了外在于它现在是什么的东西。这样，他们就只凭当下的耳闻目睹来认识事物。换句

---

① ［美］奥尔曼：《辩证法的舞蹈——马克思方法的步骤》，田世锭、何霜梅译，高等教育出版社 2006 年版，第 3—4 页。

② 同上书，第 V 页。

话说，他们就只凭孤立、静止、片面的观点来认识事物。如此，他们就只能看到事物当下的部分，根本不能看到事物的整体，或者只能看到某个孤立的事物，而根本不能看到该事物所在的更大的关系整体即它所属的更大的系统。这就像一经损坏就再也无法修复的东西一样。在被损坏以后，不仅要将那可怜的东西的碎片重新放到一起极为困难，而且要找到它们的合适位置就更加困难了。哥白尼说：“对他们来说，就好比一个艺术家要把不同模型身上的手、脚、头和其他部分组合起来构成肖像一样，每个部分都是被很好地取下来的，但这些部分与一个单一的身体无关，而且因为它们相互之间决不匹配，所以组合的结果将是一个怪物而不是一个人。”这是对人们认识事物的一种真实的写照。于是，他们在认识我们当今的社会时，就只关注进入他们生活的一些具体要素，比如一个人、一份工作、一个地方等等，虽然他们也承认各种社会问题之间的联系，但却在事实上忽视了它们之间的联系，遗漏了“把具体事件与作为整体的资本主义制度协调起来的结构”以及“从这些关系中产生出来的关系范式——阶级、阶级斗争、异化及其他。……在这个过程中，资本主义这个对人们生活的影响在不断增强的最大关系范式，实际上已经变得看不见了”[①]。看不见资本主义这个整体，而只凭当下的耳闻目睹来认识当今这个社会，人们就必然只能像罗马卡库斯神话中牛的主人们那样，仅仅根据各种各样的脚印

---

① ［美］奥尔曼：《辩证法的舞蹈——马克思方法的步骤》，田世锭、何霜梅译，高等教育出版社2006年版，第192、Ⅳ页。

而得出许多情况下正好与事实相反的结论[①]。

相反，马克思主义“内在关系的辩证法”作为“一种关注世界上所发生的一切变化和相互作用的思维方式”是解决如何认识处于不断的变化和相互作用之中的事物的“惟一明智的方法”。其“解决方式是扩展我们关于任何事物的观念，把任何事物的形成过程及其所属的更广阔的相互作用的背景，都当成它本身的各个方面”[②]。也就是说，按照马克思主义“内在关系的辩证法”，任何事物自己的过去和可能的未来都是它现在是什么的内在部分，而且它与其他一切事物之间的联系和相互作用也都是该事物内在的部分。这样，现实就是一种由各种“内在关系”构成的关系整体，或者说是一个有机的系统。于是，资本主义本身就是一个关系整体或有机系统。构成资本主义的所有要素都处在复杂的关系之中，而且这种关系对于每个要素都是内在的，各要素之间的所有结合都是有机的，是每个要素的本质的部分，以至于资本主义的每一个要素本身都是一种这样的“关系”。例如，资本就是这样一种复杂的“关系”，在它的核心存在着物质生产资料与那些占有它们的人、那些使用它们的人、它们的特殊产物、价值以及占

---

① 一半是人一半是魔鬼的卡库斯居住在一个洞穴中并且只在晚上出来偷牛。为了误导追他的人，卡库斯迫使牛倒着走进他的洞穴，以便于从它们的脚印来看，它们似乎从他的洞穴走出去了。第二天早上，在人们来寻找他们的牛时，他们所能发现的一切就是脚印。于是，他们根据这些脚印得出结论：他们的牛从洞穴出发，走到了地中央并消失了。（参见［德］马克思《剩余价值理论》第3册，人民出版社1975年版，第596页。）

② ［美］奥尔曼：《辩证法的舞蹈——马克思方法的步骤》，田世锭、何霜梅译，高等教育出版社2006年版，第6页。

有和使用在其中进行的条件之间的“内在关系”。劳动、价值、商品等等也都是这样的“关系”。而且，每一个这样的“关系”都体现着资本主义这个整体，“资本主义中主要的、最独特的社会关系……在它们自身之中包含着这一具体总体的结构性的相互依存和运动”。正因为资本主义是一个有机的系统，是一个关系整体，而其各个组成部分又体现着这个整体，所以，我们要认识资本主义，就必须从资本主义这个整体出发。这表明，用马克思主义“内在关系的辩证法”来认识资本主义，不仅能够看到当代资本主义这个“巨大的引力场”，而且这种方法本身就要求以这个“巨大的引力场”为出发点。它认识的顺序是从整体出发，即从系统或从人们对系统所能达到的理解开始，继而进入对部分的研究以便了解它的合适位置及其发挥作用的方式，最终达到了对作为出发点的整体的更加充分的认识。当年，“资本主义充当了马克思研究其内部所发生的一切的起点”[1]。正是以此为起点，马克思研究了资本主义内部各部分之间的同一性与差异性、对立面的相互渗透、量变与质变以及矛盾等等“内在关系”，并以此为基础，重构了资本主义的运行方式，把握了资本主义有机的和历史的运动。所以，我们应该以同样的方法来研究和认识当代资本主义。

第二，苏东剧变使社会主义遭到了“沉重打击”，许多人由此丧失了对社会主义的信心，将一切形式的社会主

① ［美］奥尔曼：《辩证法的舞蹈——马克思方法的步骤》，田世锭、何霜梅译，高等教育出版社 2006 年版，第 8 页。

义都看成了乌托邦。离开马克思主义“内在关系的辩证法”，既不能揭示社会主义取代资本主义的必然性，又不能展现“隐藏”在当代资本主义之中的社会主义潜在，因此，也就不能使遭到“沉重打击”的社会主义重新赢得人们的信服并完善它自己的潜在。

苏东剧变实际上只是苏联模式社会主义的失败，但它却使许多人丧失了对社会主义本身的信心，从而怀疑任何形式的社会主义的可能性，将一切形式的社会主义都看成了乌托邦。之所以如此，说到底还是因为他们没有利用马克思主义“内在关系的辩证法”来认识资本主义。由于他们只看到或只关注狭隘的、孤立的、静止的部分，而否认或忽略资本主义是一个有机的系统，看不到资本主义中存在的关系，当然也就看不到资本主义现在与其过去和未来之间的内在联系，所以，他们的资本主义现在就理所当然是与过去和未来相隔绝的现在。而“把现在要么与过去完全隔离，要么与未来完全隔离（或同时与两者都隔离），这样的现在也会成为一种思想的牢笼……受到这种状况影响的人，仅仅把事物当前的表现当作它的实在、全部和惟一可能”[①]。以这样的现在观为指导，将资本主义看成永恒的存在，认为历史将终结于此，并将任何形式的社会主义看成乌托邦，也就是必然的了。

相反，按照马克思主义“内在关系的辩证法”，现在是从可定义的过去延伸到可能的未来的连续体的一部分。

---

① ［美］奥尔曼：《辩证法的舞蹈——马克思方法的步骤》，田世锭、何霜梅译，高等教育出版社2006年版，第207页。

这样的“现在就不再是思想的牢笼，而与过去和未来一样，成了一个暂时过程中的一个阶段，它与这一过程的其余阶段有着必然的和明显的联系”[①]。以这样的现在观来认识资本主义，资本主义作为一个有机的关系整体，也就只不过是从过去到可能的未来的连续体的一部分。也就是说，资本主义也只是一种历史的存在，它有自己的过去，也必然会发展到未来，而且，在这种过去、现在与未来之间存在着必然的和明显的联系。一句话，资本主义就只是“人类历史的过道而不是终点”[②]。正是以这种辩证法的现在观来认识资本主义的现在，马克思才自信能够看到未来社会主义和共产主义社会的显著轮廓。而且，马克思主义“内在关系的辩证法”能够将资本主义中发展到未来的各种趋势组织为矛盾，而“一旦用矛盾形式将资本主义的问题再现出来，这些问题的解决方式就会变得清清楚楚。……把对这种矛盾的思考向未来延伸，直到或超出它们被解决的时候，而那时，它们的解决方式的特征就显示了其后的社会因素。主要就是依靠这种思考，马克思才得以看见社会主义和共产主义”[③]。因为要“完全地永久地”解决资本主义的矛盾，只能依靠其在新的统治阶级即工人阶级手中可能的解决方式。那时，工人阶级由于参加了一次成功的革命而发生了重要的变化，所以，他们主要在其阶级利益的指导下进行所有重大的决策。而他们最重要的利益，就

① ［美］奥尔曼：《辩证法的舞蹈——马克思方法的步骤》，田世锭、何霜梅译，高等教育出版社 2006 年版，第 208 页。

② 同上书，第 216 页。

③ 同上书，第 212 页。

是要将其作为一个阶级所受到的剥削连同作为这种剥削的巩固基础的那些条件一起废除。显然，在这种阶级利益的指导下，作为新的统治阶级的工人阶级"完全地永久地"解决资本主义矛盾的方式必然是以社会主义取代资本主义。正是"工人阶级特殊的阶级利益，与资本主义条件下阻碍我们认识这些利益的任何障碍的废除一起，使我们看到了多数的社会主义必然性"①。

不仅资本主义现在必然要发展到未来的社会主义，而且，社会主义作为一种巨大的潜在已经存在于资本主义现在之中。那么，为什么资本主义中会存在社会主义的潜在呢？这是因为，在马克思主义"内在关系的辩证法"的核心"内在关系哲学中，未来是现在的一个基本时期。它不仅是现在变成的东西，而且无论未来发生的是什么都作为潜在存在于现在之中，存在于现在的所有形式之中"②。马克思当年就坚信共产主义"隐藏"在资本主义中，他能够通过分析把它揭示出来。而且马克思还说：我们"只是希望在批判旧世界中发现新世界"。其对"旧世界的批判"所要表明的，就是资本主义在再生产其自身存在的必要条件的过程中正面临越来越多的困难，因而也正在变得越来越不可能，而就是这一过程同时也在为其后新社会的产生创造条件。被"发现"的新世界已经以一种巨大而又尚未被开发的潜在形式存在于旧世界之中。可见，马克思所谓

① ［美］奥尔曼：《辩证法的舞蹈——马克思方法的步骤》，田世锭、何霜梅译，高等教育出版社 2006 年版，第 214 页。

② 同上书，第 154 页。

的“揭示”和“发现”实际上就是要将资本主义现在中的社会主义“潜在凸现出来”。如果我们运用马克思主义“内在关系的辩证法”来探究当代资本主义，就会发现其中的社会主义潜在是十分巨大的。

然而，“不幸的是，其他许多面对同样根据的人看不见这种潜在，甚至在处于社会主义边缘的部分中也不能看见”[①]。这是为什么？原因恰恰就在于研究潜在的可能性需要把握更长的历史时期，既要向前看到它可能发展成什么，又要向后看到它是如何发展到现在的；同时，它还需要更为广阔的视野，因为任何事物和任何人都只有在与其他事物和其他人的“内在关系”中，即作为一个系统中的相互作用的部分才能发展变化。由此可见，大部分人之所以看不到存在于当代资本主义之中的社会主义潜在，其症结仍然在于他们抛弃了马克思主义“内在关系的辩证法”，而把现在与过去和未来完全隔离开来，把事物的当下表现当成了它的实在、全部和惟一可能，并因此陷入了上述“思想的牢笼”。

这说明，向那些怀疑社会主义和看不见社会主义潜在的人揭示社会主义的必然性以及当代资本主义中的社会主义潜在，既使其消除对社会主义的怀疑，从而坚信社会主义最终取代资本主义的客观必然性，又使遭到苏东剧变“沉重打击”的社会主义完善自己的潜在，并使之“成为我们在阶级斗争中最有效的武器之一。把这一武器交到工

---

① ［美］奥尔曼：《辩证法的舞蹈——马克思方法的步骤》，田世锭、何霜梅译，高等教育出版社2006年版，第206页。

人阶级和其他受压迫的人们手中，教导他们如何使用这种武器”乃是马克思主义者的当务之急，也是我们当今尤其“需要辩证法的原因”①。

第三，当代资本主义的统治阶级“阻止我们理解正在发生的事情的努力也从来没有如此切实可行或有效”。离开马克思主义“内在关系的辩证法”，就不能“切实可行或有效”地回应这种努力，以正确认识当代资本主义，揭示“我们的民主资本主义社会正在变成什么样子”。

马克思主义主要为我们讲述了两座城市的故事：第一座叫做“资本主义”，第二座叫做“共产主义”。在第一座城市中，一切都是不自由的，但它却宣称拥有自由，而这种所谓的“自由”，对于绝大多数居民来说只不过是一种为不可能真正得到的东西而展开竞争的自由，或想象他们或他们的后代总有一天会取得成功的自由。在第二座城市里，人们享有在相互和平与友好中发展其作为人的潜力的自由，享有按照自己的意愿而生存和发展的自由。这种自由才不是虚幻的而是实在的。但这座城市还只存在于第一座城市的影子之中，在地图上还不能被找到。这就必然造成两种倾向：其一是在“资本主义”这座城市中，已经并将继续获得最大利益的极少数人会想尽千方百计抵制人们对“共产主义”的认识和实现，以使“资本主义”永恒存在；其二是马克思主义者会努力论证“共产主义”的可行性，告诉人们，“资本主义”中的绝大多数人将会因为

---

① ［美］奥尔曼：《辩证法的舞蹈——马克思方法的步骤》，田世锭、何霜梅译，高等教育出版社2006年版，第219页。

"共产主义"对"资本主义"的取代而切实获得其最大的利益。

于是，"资本主义"这座城市的统治阶级——资产阶级，即在其中获利最多的极少数人利用自己控制宣传工具的权力想方设法地使"共产主义"始终成为一种被严加保守的秘密，以便确保无人知道或认识到"共产主义"才是使人们拥有真实自由的城市，而共产主义本身就是关于人的自由的东西。尤其是今天，由于苏东的剧变，资产阶级利用其宣传工具反复重复着一个谣言，即被称为"共产主义"的东西已经在一些不发达国家试行过了，但它是失败的。资产阶级意识形态在阻止人们看到"共产主义"、论证"资本主义"的永恒性方面起着极为重要的作用。这种意识形态正是由于资产阶级忽视或滥用辩证法以致不正确地抽象资本主义社会的现实所造成的一种结果。其表现主要有三个方面：一是抽象了过于狭窄的范围。它在事物的发展过程中抽象了一个太短的时期或在事物的相互作用中抽象了太少的联系，由此造成了一种认识事物时的静止或孤立的观点，强调的是使事物显得静止和孤立的属性，而不是使其显得更加动态和更加系统的属性，也由此忽略了正确认识事物所必须认识的过程和系统中的某些部分。例如，这样的抽象往往只能抓住结果，而忽视了导致这种结果的过程，由此也就回避了引起这些结果的资本主义独特过程中所存在的矛盾。这种对事物的片面关注颠倒了资本主义社会中的真实关系。例如，事物的价格代替了形成其价格的人们之间的关系，由此形成了"商品拜物教"。二是抽象了不适当的概括层次。之所以其抽象的概括层次是不适当的，是因为它排除了认识资本主义的最为重要的概括层次即资本主义本身的层次。例如，它在认识人的过程中，往往只在独一无二、完全不同的具体个人和完全相同的人类社会的层次上进行，所以，对于资产阶级意识形态来说，人要么就是完全不同的，要么就是完全相同的。三是抽象了不合适的角度。孤立的个人、任何状况的主观方面、几乎任何过程的结果、任何与市场有关的东西以及人性等等，是资产阶级意识形态认识资本主义社会的最重要的角度。例如，它总是倾向于从“价格”、“利润”、“竞争”等等从市场上引出的角度来认识资本主义社会，这样，似乎就是市场需求决定着生产。而实际上市场需求本身只是异化劳动的产物。由此，本来的结果成了原因，而本来的原因倒成了结果。可见，之所以说资产阶级意识形态的角度是不合适的，是因为从这种角度来认识资本主义社会的运行，在实际上完全颠倒了资本主义的运行状态，掩饰或歪曲了资本主义的本质特征，使资本主义成了“一座死的建筑，一个不变的系统，它在历史的某一点上的产生与它最终的灭亡一样是一个谜”[①]。现代的学术界加深和强化了资产阶级意识形态的消极影响。它打破了人类知识的整体，使之成了相互冷漠且常常是相互敌对的学科的专门知识，每个学科都有自己独特的语言和方法，都只研究可以用统计学的方法

① ［美］奥尔曼：《辩证法的舞蹈——马克思方法的步骤》，田世锭、何霜梅译，高等教育出版社2006年版，第131页。

予以处理的狭窄领域。

从事实上看，资产阶级的宣传、资产阶级意识形态的教化和现代学术界状态的影响，取得了阻止人们正确认识当代资本主义中"正在发生的事情"的显著效果：现在已经"几乎无人"使用"资本主义"这个术语，"多数人"不知道资本主义意味着什么，"甚至更多的人"没有对资本主义的系统特征或其运行方式的认识；"多数人"一次只考察社会的一部分，将其从社会的其余部分中孤立和分割开来并将其看作是静止的存在，试图以此来认识我们的社会中正在发生的事；"多数人"只看到事物的现象而将其误称为"事实"；"多数人"将人类社会、阶级社会、资本主义社会、现代资本主义社会和此时此地的具体社会等概括层次堆积到了一起，使之构成了一个令人困惑的、不合适的碎片拼凑物，从而使每个单一层次上的系统特征不能被认识，尤其是使资本主义层次上的系统特征无法被正确认识；"几乎没有人"理解经济在这个社会中，以及在我们自己认识这个社会的努力中所起的作用；"多数人"的现在是被有效地与未来相隔绝的现在，至少是与任何认为未来是现在的有机产物的观念相隔绝的现在[①]。

要想有效回应资产阶级阻止人们认识当代资本主义中"正在发生的事情的努力"，改变"多数人"的思想现

① ［美］奥尔曼：《辩证法的舞蹈——马克思方法的步骤》，田世锭、何霜梅译，高等教育出版社2006年版，第235、202、Ⅲ、210、235、207页。

状，使其正确认识“我们的民主资本主义社会正在变成什么样子”[①] 以及“共产主义”这座城市取代“资本主义”这座城市的必要性和必然性，只有依靠马克思主义“内在关系的辩证法”，舍此别无它途。因为，只有这种辩证法才能认识到现实实际上就是一个关系整体，我们认识现实就应该从整体出发而不是相反，这样，当代资本主义作为一个巨大而又复杂的关系整体才能被看见并被正确认识；只有这种辩证法才能将任何事物自身发展的历史过程及其与其他事物之间的相互作用看成其本身的内在部分，从而以“内在关系”的观点来认识当今社会正在发生的事情；只有这种辩证法才能使人们透过本质而不是仅仅依据其现象来认识当今社会中正在发生的事情；只有这种辩证法才能使人们厘清不同的概括层次，并根据研究的重点突出和强调相应层次，由此在研究当今社会时就突出和关注资本主义这个层次而暂时排除其他非资本主义层次，从而认识到资本主义的本质特征；只有这种辩证法才能突出和强调事物发展的过程而不至于以结果代替过程，才能将被颠倒的资本主义的运行状态再颠倒过来；只有这种辩证法才能将现在看成是与其过去和未来内在联系着的现在，从而使现在不再成为“思想的牢笼”。总之，只有马克思主义“内在关系的辩证法”才能抽象和再抽象恰当的范围、概括层次和角度并灵活地使用它们，从而正确认识当代资本主义。一句

---

① ［美］奥尔曼：《辩证法的舞蹈——马克思方法的步骤》，田世锭、何霜梅译，高等教育出版社 2006 年版，第 4 页。

话，“如果说社会从来没有如此充满着辩证法，那么，阻止我们理解正在发生的事情的努力也从来没有如此切实可行或有效——所有这些都使辩证的认识在现在比以前要更加不可缺少”①。

---

① ［美］奥尔曼：《辩证法的舞蹈——马克思方法的步骤》，田世锭、何霜梅译，高等教育出版社 2006 年版，第 204 页。

第一章

在"内在关系"中审视当代资本主义的存在方式

既然按照马克思主义"内在关系的辩证法"，任何事物本身都是一种"关系"，都处在"内在关系"之中，那么资本主义、当代资本主义就都不能例外。因此，要辩证分析当代资本主义，就应该将当代资本主义本身也是一种"关系"、也处在"内在关系"之中作为前提，在这种"内在关系"中审视它的存在方式。事实上，这是奥尔曼辩证分析当代资本主义的基础。在这种"内在关系"中审视当代资本主义的存在方式，奥尔曼从存在论上得出了两个明确的结论：一是当代资本主义是一个更为复杂的关系整体；二是当代资本主义仍然是一种历史地存在着的"关系"。

第一节　当代资本主义：一个更为复杂的关系整体

天文学家所发现的那个"巨大的引力场"恰恰就是因

为太大了才延误了被发现的时间。在奥尔曼看来，“资本主义是与这个‘巨大的引力场’极为相似的巨大结构”①，也就是说，资本主义实际上就是这样一种“巨大的引力场”——它是由人们之间一系列复杂的关系、人们的活动及其产品构成的，并且由于相互作用是不断发展的，所以它包括着这种相互作用自始至终的发展，向后包括其起源，向前包括它正在形成的任何东西。但问题也恰恰在于“它太大、太普遍了，以至于几乎没有人看见它”②。但由于马克思运用了辩证法，所以他能够在辩证法的帮助下认识到资本主义这个“巨大的引力场”，这个“一切关系在其中同时存在而又互相依存的社会机体”，认识“资本主义生产的整个体系”③，并从这个整体出发研究其内部的各种复杂但有机的联系，并由此加深了对资本主义这个整体的认识。那么，面对较之马克思当年面对的资本主义要复杂得多、变化迅速得多的当代资本主义，人们有何认识呢？

一　从“孤立的事物”出发看不到当代“资本主义”

奥尔曼认为，面对当代资本主义，大多数人的“眼睛

① ［美］奥尔曼：《辩证法的舞蹈——马克思方法的步骤》，田世锭、何霜梅译，高等教育出版社 2006 年版，第 201 页。

② 同上。

③ 《马克思恩格斯选集》第 1 卷，人民出版社 1995 年版，第 143 页；《马克思恩格斯选集》第 2 卷，人民出版社 1995 年版，第 419 页。

都变得模糊了”①，并由此产生了两种错误的认识。第一种认为当代资本主义中的所有社会要素都是独立的，相互之间没有任何联系，所以，当代资本主义社会存在的问题就是相对独立的和偶然发生的，要解决这些问题就只能一个一个地进行。第二种虽然承认当代资本主义的所有社会要素都是相互联系的，并承认其联系的整体也在以一定的方式和速度发生着变化，但它又认为这种联系只是偶然的而不是必然的、外在的而不是内在的，也就没有必要去研究这些联系，而且，由于它的这种观点，即便要研究这样的联系也是十分困难的，所以，持这种观点的人往往同样将这些因素或部分孤立起来、将其看成静止的东西，并且只关注这样的因素或部分。

上述两种观点中，虽然前者不承认社会要素之间的联系，后者承认这种联系，但它们有一个共同的问题，这就是以孤立、片面和静止的观点看待事物，仅仅关注社会现实中的某个部分，比如一个人、一份工作、一个地方等等，而看不见当代资本主义这个有机的关系整体。为什么如此呢？这是因为，他们只看到社会中的当下部分，根本不能看到社会这个整体，或者只看到某个孤立的部分，而根本不能看到这个部分所在的更大的关系整体，即它所属的更大的系统。这就像一经损坏就再也无法修复的东西一样。在被损坏以后，不仅要将那个东西的碎片重新放到一起极为困难，而且要找到它们的合适位置就更加困难了。

---

① ［美］奥尔曼：《辩证法的舞蹈——马克思方法的步骤》，田世锭、何霜梅译，高等教育出版社 2006 年版，第Ⅴ页。

于是，“资本主义这个对人们生活的影响在不断增强的最大关系范式，实际上已经变得看不见了”[①]。也就是说，“资本主义”已经不在他们的视野之中了。正因为大多数人“模糊的眼睛”中已经不再有“资本主义”了，所以，我们才会“生活在这样一个时代：几乎无人使用‘资本主义’这个术语，多数人不知道资本主义意味着什么，甚至更多的人没有对资本主义的系统特征或它的运行方式的认识”[②]。

然而，既然“人们没有看到资本主义”，那“就更谈不上理解资本主义了”[③]。比如，上述第一种观点由于不理解当代资本主义的社会问题“作为资本主义系统的内在联系的各个部分所具有的共同性质”，所以，它“不会在有可能成功地解决这些问题的惟一层面即整个社会的层面上解决这些问题……不得不在谴责和失望这两个极端之间进行选择”；而第二种观点虽然承认当代资本主义社会问题之间的联系，但却遗漏了“把具体事件与作为整体的资本主义制度协调起来的结构”以及“从这些关系中产生出来的关系范式——阶级、阶级斗争、异化及其他”[④]。而且，不能理解资本主义，也就谈不上理解其未来社会主义和共产主义了，因为，只看到狭隘的、孤立的、静止的部分，就很容易一方面承认有一个过去和将会有一个未来，而另

---

① ［美］奥尔曼：《辩证法的舞蹈——马克思方法的步骤》，田世锭、何霜梅译，高等教育出版社 2006 年版，第 IV 页。

② 同上书，第 235 页。

③ 同上书，第 V 页。

④ 同上书，第 192、IV 页。

一方面，在试图理解资本主义现在中的任何事物时又将两者忽略掉。因此，“如果人们不能从他们周围的存在中看到社会主义的根据，主要不是因为他们没有抽象资本主义的因素并想象这些因素在别处将如何发挥作用的能力。相反，而且更为根本的，是他们在其周围看到的状况似乎根本不属于任何社会系统，所以就不存在把它们从中抽象出来的系统，同样，也就不存在把它们纳入进去的系统”①。总之，由于只看到或只关注狭隘的、孤立的、静止的部分，而看不到有机的系统，所以，上述两种观点既看不到当代资本主义，也看不到当代资本主义中的社会主义根据，以至于认为社会主义和共产主义只不过是乌托邦；既不能正确认识当代资本主义，也不能正确认识社会主义和共产主义。这恰如卢卡奇的认识：在资本主义社会，每个人都只是商品所有者，依靠用自己的商品与其他人交换来求得生存与发展，因而只关心自己，只能从自己个人的角度出发来认识事物。特别是马克思指出其承担着重要历史使命的工人，处在巨大的异己的系统之中，琐细的分工使其成为片面的、孤立的、原子式的存在，在资本主义早期生产中工人与工人之间的有机联系被切断了，这进一步限制了他的视野，使他看不到整体，也看不到未来。②

可以说，后现代主义是最为典型的代表，因为后现代主义者在认识当代资本主义的问题上同时产生了上述两种

① ［美］奥尔曼：《辩证法的舞蹈——马克思方法的步骤》，田世锭、何霜梅译，高等教育出版社 2006 年版，第 207—208 页。

② 参见安启念《新编马克思主义哲学发展史》，中国人民大学出版社 2004 年版，第 258 页。

错误观点。后现代主义的主要代表之一，解构主义理论的创始人、法国当代著名哲学家德里达明确说过：我们应当把这种马克思主义的批判精神“和其他的马克思主义精神区别开来，那些精神把自己固定在马克思主义学说的躯干上，固定在它假定的系统的、形而上学的和本体论的总体性中（尤其是固定在它的‘辩证方法’或者说‘辩证唯物主义’中），固定在它的有关劳动、生产方式、社会阶级等基本概念中，并因此固定在它的国家机器……的整个历史中。”[①] 德里达反对辩证法的主张由此可见一斑。正是由于德里达反对辩证法，所以他才会否认事物之间的各种内在的联系，否认事物都是由各种联系构成的关系整体，从而对一切加以“解构”。其“解构”一切的结果就是上述奥尔曼所指出的：既不再能看到“作为资本主义系统的紧密联系的各个部分所具有的共同属性”，又不再能看到“把具体事件与作为整体的资本主义制度协调起来的结构”以及“资本主义”。首先，德里达认为，传统哲学关于一切事物内部都存在着一种本质和规则即“逻各斯”的观点，纯粹是一种“逻各斯中心主义”，必须加以“解构”。在他看来，事物内部根本不可能存在这样的本质和规则，一切事物都是变动的和不确定的。因此，他高度评价索绪尔在语言符号的“能指和所指之间不存在任何必然的、固定的联系。在所指与其所指涉的事物之间也是这样”和“如果没有差异，也就没有了意义”的主张，并更进一步

---

① ［法］德里达：《马克思的幽灵》，何一译，中国人民大学出版社1999年版，第125页。

认为，语言符号不具有确定的意义，其主要原因即是差异关系的不稳定性、多变性和无限性[①]。也就是说，事物都是千差万别的，"没有相异性是不具有独特性的，没有独特性是不具有此时此地的"[②]。可见，一切事物都具有千差万别的意义，而且其意义本身也是不确定的，因为不仅一切事物本身都是变动的和不确定的，而且它们之间的"差异关系"就如同语言符号之间的差异关系一样也具有"不稳定性、多变性和无限性"。以这样的观点来看事物，来看资本主义的各个组成部分，它们之间有的只是"差异"，哪还有什么"共同属性"呢？其次，德里达从解构"逻各斯中心主义"出发，消解中心和本原，以达到其"颠覆以往的等级、结构、深度、中心和本原"，"把一切都放在同一个平面上，让各要素之间、等级结构的两极之间进入一个'自由嬉戏'的范围"[③]。资本主义中的一切都如此零碎化和平面化了，哪还能看到资本主义各组成部分之间的"结构"和"资本主义"这个"整体"呢？另两个后现代主义者以更加明确的表述阐明了其"向整体性开战，向同一性开战"的主张和决心。一个是德勒兹，他"把后现代主义的反整体性的立场表述得淋漓尽致：'当今我们生活的时代充满了残垣断瓦等破碎的对象，我们不会再相信存

---

① 参见谢立中等《现代性、后现代性社会理论：诠释与评论》，北京大学出版社 2004 年版，第 41—42 页。

② ［法］德里达：《马克思的幽灵》，何一译，中国人民大学出版社 1999 年版，第 45 页。

③ 段忠桥：《当代国外社会思潮》，中国人民大学出版社 2001 年版，第 130 页。

在着原本意义上的整体性，也不会再相信在将来某一天有个最后的整体性在等待着。’”另一个是利奥塔，他“也曾为反对整体性立下了豪言壮语：‘让我们向统一的整体开战，让我们成为不可言说之物的见证者，让我们不妥协地开发各种歧见差异，让我们为秉持不同之名的荣誉而努力。’”①

总之，正因为“后现代主义向整体性、同一性开战，所推崇的思维模式是一种反整体性的方法”②，所以，它“否认世界是一个相互联系的整体，否认同类事物之间具有某种同一性，代之以碎片、相对性”并认为“事物的意义是相对的，事物之间的联系也是偶然的”③。正如生态马克思主义者所指出的，隐藏在后现代主义的分散化、多元化的社会变革方案背后的，是鼓吹“事物的意义是相对的，事物之间的联系也是偶然的”“文化相对主义”；“后现代主义的世界是割裂的、绝对混乱和没有方向感的世界”④。这样，当代资本主义这个关系整体就不在他们的视野之中了；资本主义这个整体的各组成部分之间，如果说有什么联系的话，那也只是一种偶然的现象。他们对当代资本主义中的各种“问题”和“现象”的认识，就只能像

① 转引自陈学明《永远的马克思》，人民出版社 2006 年版，第 295—296 页。

② 陈学明：《永远的马克思》，人民出版社 2006 年版，第 307—308 页。

③ 段忠桥：《当代国外社会思潮》，中国人民大学出版社 2001 年版，第 117 页。

④ 参见陈学明《永远的马克思》，人民出版社 2006 年版，第 307—308 页。

罗马卡库斯神话中牛的主人们那样，仅仅根据各种各样的脚印而得出许多情况下正好与事实相反的结论。至于正确认识当代资本主义及其未来社会主义、共产主义的历史命运，也就成了根本不可能的事情。

二 在"内在关系"中呈现一个更为"巨大的引力场"

奥尔曼运用马克思主义"内在关系的辩证法"来分析和认识当代资本主义，却能够并且在事实上于"内在关系"中呈现了当代资本主义这个更为"巨大的引力场"。首先，与那些从某个小部分开始研究，并试图通过建立这个部分与其他同样的部分之间的联系来重构更大整体的非辩证方法不同，按照"内在关系的辩证法"研究任何事物，首先就应该"从整体，即从系统或从人们对系统所能达到的理解开始，继而进入对部分的研究以便了解它的合适位置及发挥作用的方式，最终达到了对作为出发点的整体的更充分的理解"[①]。这就是说，用"内在关系的辩证法"研究事物，不仅首先"看到"的就是一个"整体"，而且这个"整体"还是研究这个事物的"出发点"。正是在这个意义上，奥尔曼指出："资本主义充当了马克思研究其内部所发生的一切的起点。作为一个起点，从原则上来说，资本主义已经被包含在马克思着手进行研究的各种相互作用的过程之中，成为这些过程的前

① ［美］奥尔曼：《辩证法的舞蹈——马克思方法的步骤》，田世锭、何霜梅译，高等教育出版社2006年版，第7—8页。

提和结果的总和。”[①] 因此，奥尔曼运用马克思主义“内在关系的辩证法”来分析当代资本主义，他首先“看到”的就是当代资本主义这个“整体”，并将这个“整体”当成了研究的出发点。

其次，按照“内在关系的辩证法”，整体与部分之间的关系不仅表现在“整体塑造部分，使部分在这一特殊整体中更为有效”以及“整体根据这种作用确定每一个部分的含义和相对的重要性”，而且，更为重要的表现是：第一，“整体通过部分而表现出来，以至于部分可以被看成是整体的一种形式”，而有了这种整体与部分之间的“内在关系”，“当我们考察整体的任何部分的时候，我们都能够看到整体，尽管只是看到了一个侧面”。这就好比我们从围绕着一个庭院的许多窗户中的一个向外看这个庭院一样。第二，“各个部分相互之间如上所述的关系造就了整体的结构和含义，使整体成为拥有自己的历史、结果和影响的不断发展的体系”。正是基于这一点，奥尔曼说，马克思主义“本体论的最大特点在于如下观念，一是把现实当作由内在相连的部分构成的总体，二是扩张这些部分以至于每一部分在其全面的关系中都能代表总体”[②]。

奥尔曼用这样的“内在关系的辩证法”就使当代资本主义这个“巨大的引力场”在两个方向上呈现了出来。其一，它呈现在其中的每个部分之中。因为，当代资本主义

---

① ［美］奥尔曼：《辩证法的舞蹈——马克思方法的步骤》，田世锭、何霜梅译，高等教育出版社 2006 年版，第 8 页。

② 参见奥尔曼《辩证法的舞蹈——马克思方法的步骤》，田世锭、何霜梅译，高等教育出版社 2006 年版，第 179 页。

的各个部分都能够作为这个"整体的一种形式"而表现这个整体，所以，这个整体中"主要的、最独特的社会关系……在它们自身之中包含着这一具体总体的结构性的相互依存和运动"，于是这个整体也就成了"一个关联地包含在其每一部分之中的结构性的相互依存的系统"[①]。因此，奥尔曼就像马克思那样，在当代资本主义"每一个部分中都能够一眼瞥见起作用的整个系统"[②]。比如，在奥尔曼看来，"美国议会"就是"体现在这一立法机构中的资本主义"[③]。其二，它是由本身就是一种复杂"关系"的各个部分构成的一个更加复杂的"关系整体"。按照"内在关系的辩证法"，正如马克思所分析的资本主义一样，当代资本主义中的所有部分或要素仍然都处在复杂的关系之中，而且同样，"这种关系对于每个要素都是内在的"，各要素之间的"所有结合都是有机的，是……每个要素的本质的部分"，以至于当代资本主义的每一个部分或要素本身仍然都是这样一种复杂的"关系"。例如，资本依然是这样一种复杂的"关系"，在它的核心存在着物质生产资料与那些占有它们的人、那些使用它们的人、它们的特殊产物、价值以及占有和使用在其中进行的条件之间的"内在关系"。劳动、价值、商品等等也都依然是这样的"关系"。与马克思当年面对的资本主义一样，在其所有的"关系"中，资本、货币、价值和商品占着最为重要的地

---

① ［美］奥尔曼：《辩证法的舞蹈——马克思方法的步骤》，田世锭、何霜梅译，高等教育出版社2006年版，第195、193页。

② 同上书，第191页。

③ 同上。

位。既然如上所述，依据“内在关系的辩证法”，是部分“造就了整体的结构和含义”，而当代资本主义中的所有部分或要素都依然是处在“内在关系”之中的复杂的“关系”，所以，当代资本主义自身就仍然显现成了一个由“人们之间复杂的一系列关系、他们的活动（尤其是物质生产）及其产品”等等构成的“关系整体”。

最后，由于当代资本主义这个系统中各部分或要素之间的相互作用始终是不断发展的，“包括这种相互作用自始至终的发展，向后包括它的起源，向前包括它正在形成的任何东西”[①]，加之“没有哪个世纪经历了我们这个世纪所经历的那么多的社会变化，也没有哪个时期经历的变化比二战以来所经历的变化更快”；“现阶段的资本主义所具有的特征是，它比以前要复杂得多，其变化和相互作用比以前要迅速得多……社会从来没有如此充满着辩证法”，所以当代资本主义就是一个比马克思当年面对的资本主义更为巨大更为复杂的关系整体——一个更为“巨大的引力场”。

概括起来说，由于奥尔曼是运用马克思主义“内在关系的辩证法”来研究当代资本主义的，所以，他首先看到的就是这个关系整体或者说这个“巨大的引力场”；他还进一步揭示出这个“巨大的引力场”是由各种复杂的“关系”构成的并体现在各种“关系”之中；加上他能够充分认识到这个“巨大的引力场”在当今更为迅速的变化和更为复杂的相互作用，他还进一步看到这个“巨大的引力

---

① ［美］奥尔曼：《辩证法的舞蹈——马克思方法的步骤》，田世锭、何霜梅译，高等教育出版社 2006 年版，第 201 页。

场”要比马克思所看到的更为巨大和复杂。奥尔曼认为，正因为当代资本主义是这样一个巨大而又复杂得多的关系整体，一个更为“巨大的引力场”，所以，我们要理解当代资本主义如何造成了一定的社会问题，就必须知道把这一整体的要求（其核心是资本积累的要求）应用于相关的人和过程的那些内在的相互作用；而我们是否能够正确认识当代资本主义也取决于“我们是否很好地把握了资本主义在其各部分之中的结构性的相互依存”①；取决于我们能否像马克思那样“对这些僵化了的关系唱一唱它们自己的曲调，迫使它们跳起舞来”②。

总之，奥尔曼运用马克思主义“内在关系的辩证法”，在“内在关系”中呈现了当代资本主义这个更为复杂的关系整体——一个更为“巨大的引力场”，不仅使我们“看到”了当代资本主义，为正确认识当代资本主义创造了一个重要的甚至是根本的前提，而且为我们正确认识当代资本主义提供了一个首要的方法，即探究其各组成部分之间的相互依存和相互作用。

第二节 当代资本主义:一种历史地存在的“关系”

作为一种“关系”，资本主义是永恒的存在还是历史

① ［美］奥尔曼：《辩证法的舞蹈——马克思方法的步骤》，田世锭、何霜梅译，高等教育出版社 2006 年版，第 198 页。

② 《马克思恩格斯选集》第 1 卷，人民出版社 1995 年版，第 5 页。

的存在？或者说，人类社会的历史发展到资本主义以后，还会继续向前发展吗？对此，黑格尔的回答是，历史已经终结于资本主义自由王国。奥尔曼说，“辩证法是一种关注世界上所发生的一切变化和相互作用的思维方式”①。既然辩证法是关注一切“变化”的思维方式，那么作为辩证法大师的黑格尔为什么会得出“历史终结”的结论呢？这是因为，“在黑格尔那里，辩证法是概念的自我发展。绝对概念不仅是从来就存在的（不知在哪里?），而且是整个现存世界的真正的活的灵魂。它通过在《逻辑学》中详细探讨过的并且完全包含在它自身中的一切预备阶段而向自身发展；然后它使自己‘外化’，转化为自然界，它在自然界中并没有意识到它自己，而是采取自然必然性的形式，经过新的发展，最后在人身上重新达到自我意识；这个自我意识，在历史中又从粗糙的形式中挣脱出来，直到绝对概念终于在黑格尔哲学中又完全地达到自身为止”②。我国学者邓晓芒教授对此作了很好的阐释：黑格尔的整个哲学体系的“真正诞生地和秘密”是他的《精神现象学》，也就是说，《精神现象学》是他的整个哲学体系的开端，而《精神现象学》本身的开端却不是由哲学设定的，而是由历史所达到的阶段设定的，因此，黑格尔的整个哲学体系的开端只是“真理”在这个时间点上的涌现，黑格尔本人只是描述了这一进程而已。如此下去，黑格尔就可以达

---

① ［美］奥尔曼：《辩证法的舞蹈——马克思方法的步骤》，田世锭、何霜梅译，高等教育出版社 2006 年版，第 5 页。

② 《马克思恩格斯选集》第 4 卷，人民出版社 1995 年版，第 242—243 页。

到历史唯物主义了。然而，黑格尔作为一个客观唯心主义者并没有如此追溯下去，而是完全颠倒过来了。其《精神现象学》也未能成为其《哲学全书》的第一大部分，而被降格成了一个"导言"或"入门"，且只以纯粹化的形式成为《精神哲学》的一个环节而进入其哲学体系。这样，他的哲学体系就以《逻辑学》为开端了，其真正开端即时代和历史的发展要求就被掩盖起来了，整个体系于是成了一个封闭的体系，失去了其源头活水。也正是基于此，黑格尔将自己的哲学体系称为一个"圆圈"，意在表明历史在他这里已经完结，整个世界的发展在他的时代停止了，以前的一切发展只是一个圆圈，首尾相接，今后只能循环了[①]。可见，在黑格尔那里，自然和人类社会都只是绝对理念即上帝的外化，一旦绝对理念经由自然界、人类社会逐步上升到了绝对精神即艺术、宗教和哲学阶段的时候，就回到了上帝自身。人类社会的发展也就终止了，历史就此终结了，这恰如恩格斯所说的，"黑格尔本人设置了界限，它们像堤坝一样拦蓄从他的学说中得出强有力的、有如激流般的结论，这部分地决定于他所处的时代，部分地决定于他的个性。……黑格尔的全部不彻底性和全部矛盾都是由此而来的"[②]。所以说，正是黑格尔的由其"所处的时代"和"个性"所决定的不彻底的辩证法和发展观导致了他的"历史终结论"。

---

① 参见邓晓芒《黑格尔辩证法讲演录》，北京大学出版社 2005 年版，第 53—58、148 页。

② 《马克思恩格斯全集》第 41 卷，人民出版社 1982 年版，第 211—212 页。

相反，马克思却认为资本主义不是永恒的存在，而只是人类历史发展中的一个阶段。虽然马克思是黑格尔辩证法思想的继承者，但他超越了黑格尔：“我的辩证方法，从根本上来说，不仅和黑格尔的辩证方法不同，而且和它截然相反。在黑格尔看来，思维过程，即他称为观念而甚至把它转化为独立主体的思维过程，是现实事物的创造主，而现实事物只是思维过程的外部表现。我的看法则相反，观念的东西不外是移入人的头脑并在人的头脑中改造过的物质的东西而已。”[①] 马克思将黑格尔只不过是“形而上学地改了装的现实的人和现实的人类社会”的上帝、绝对精神还原到了现实的人和现实的人类社会[②]。在马克思看来，人类社会发展的最终决定力量是生产力，而生产力的发展是一个自然历史过程，也就是说，生产力总是要向前发展的。正由于此，“资产阶级的生产，由于它本身的内在规律，一方面不得不这样发展生产力，就好像它不是在一个有限的社会基础上的生产，另一方面，它又毕竟只能在这种局限性的范围内发展生产力，——这种情况是危机的最深刻、最隐秘的原因，是资产阶级生产中种种尖锐矛盾的最深刻、最隐秘的原因。资产阶级的生产就是在这些矛盾中运动，这些矛盾，即使粗略地看，也表明资产阶

---

① 《马克思恩格斯选集》第 2 卷，人民出版社 1995 年版，第 111—112 页。

② 参见邓晓芒《黑格尔辩证法讲演录》，北京大学出版社 2005 年版，第 207 页。

级生产只是历史的过渡形式"[①]。可见，马克思相信，"即使粗略地看"，资本主义不能更长久地存在下去的事实也是清楚的。马克思还指出："对资本主义生产方式的科学分析却证明：资本主义生产方式是一种特殊的、具有独特历史规定性的生产方式；它和任何其他一定的生产方式一样，把社会生产力及其发展形式的一定阶段作为自己的历史条件，而这个条件又是一个先行过程的历史结果和产物，并且是新的生产方式由以出发的现成基础；同这种独特的、历史规定的生产方式相适应的生产关系，——即人们在他们的社会生活过程中、在他们的社会生活的生产中所处的各种关系，——具有独特的、历史的和暂时的性质……"[②]；"如果说资产阶级前的阶段表现为仅仅是历史的，即已经被扬弃的前提，那么，现代的生产条件就表现为正在扬弃自身，从而正在为新社会制度创造历史前提的生产条件"[③]；"资本主义生产并不是绝对的生产方式，而只是一种历史的、和物质生产条件的某个有限的发展时期相适应的生产方式"[④]。根据马克思的这些论述，我们可以肯定地说，按照马克思的彻底的辩证法，资本主义显然只是一种历史的存在，或者说，只是人类历史发展中的一个阶段。

---

① ［德］马克思：《剩余价值理论》第3册，人民出版社1975年版，第86—87页。

② 《马克思恩格斯选集》第2卷，人民出版社1995年版，第581页。

③ 《马克思恩格斯全集》第46卷上，人民出版社1979年版，第458页。

④ 《马克思恩格斯选集》第2卷，人民出版社1995年版，第466页。

现在的问题是，作为一个更加复杂的“关系”的当代资本主义是永恒的存在还是历史的存在呢？对于这个问题，奥尔曼运用马克思主义“内在关系的辩证法”加以解答，并得出了同样明确的结论，即当代资本主义也只不过是一种历史地存在的“关系”。

按照“内在关系的辩证法”，现在是从可定义的过去延伸到可知的（如果不总是可预知的）未来的连续体的一部分。所以，当代资本主义“现在就不再是思想的牢笼，而与过去和未来一样，成了一个暂时过程中的一个阶段，它与这一过程的其余阶段有着必然的和明显的联系”①。就是说，当代资本主义只是一种历史的存在，它有自己的过去，也必然会发展到未来，而且，在这种过去、现在、未来之间存在着必然的和明显的联系。另一方面，要把资本当作一种“关系”，就“要把资本当作一种历史事件，当作某种作为现实人们生活中的特殊条件的结果而出现，并将随着这些条件的消失而消失的东西来认识”②，所以，将当代资本主义看作一个关系整体，也就已经将其看成了一种作为某种“特殊条件的结果而出现，并将随着这些条件的消失而消失的东西”。马克思正是以这种辩证法揭示出资本主义仅仅是“人类历史的过道而不是终点”③ 的。而今，奥尔曼又以这种辩证法揭示出，当代资本主义仍然只是“人类历史的过道而不是终点”。

---

① ［美］奥尔曼：《辩证法的舞蹈——马克思方法的步骤》，田世锭、何霜梅译，高等教育出版社 2006 年版，第 208 页。

② 同上书，第 85 页。

③ 同上书，第 216 页。

一　前资本主义和资本主义本身的发展为当代资本主义创造了前提

奥尔曼认为，马克思在探究资本主义的前提过程中，着重区分了“两种前提”：第一种前提“至少具有一些来自前社会形态的特征”；第二种前提“本身就完全是一种结果”，尽管它们自己结果的早期形式现在已作为前提在起作用。这是“资本主义最初的产生要求什么”与“资本主义的发展要求什么”相比所具有的不同。“资本主义最初的产生”要求的是第一种前提，而“资本主义的发展”要求的则是第二种前提。当代资本主义作为资本主义的一部分，其“最初的产生”与“发展”同样需要具有这“两种前提”。

一方面，由于当代资本主义只是资本主义本身的一部分，所以，它“最初的产生”实际上就是资本主义本身“最初的产生”。从这个意义上讲，上述第一种“至少具有一些来自前社会形态的特征”的前提，也就是当代资本主义“最初的产生”所需要的前提。换句话说，前资本主义社会，作为当代资本主义现在的过去，为当代资本主义的产生创造了前提。这种前提在封建社会以前的社会中也是可以找到的，但它尤其存在于封建社会末期，因为，正如马克思所说的，“当资本——不是某种特定的资本，而是一般资本——刚一开始形成，它的形成过程就是在它之前的生产方式的解体过程和这一生产方式瓦解的产物”①。也

① ［德］马克思：《剩余价值理论》第 3 册，人民出版社 1975 年版，第 545 页。

就是说，资本主义的形成过程就是封建主义的解体过程。不过，这种包括当代资本主义在内的资本主义本身“最初的产生”所要求的前提，在资本主义事实上产生之后便失去了其地位或作用，因为，虽然对于资本主义的创造而言，它们是必要的，但一旦资本主义产生了，资本主义就没有必要再创造它们了。用马克思的话来说：“资本生成、产生的条件和前提恰恰预示着，资本还不存在，而只是正在生成；因此，这些条件和前提在现实的资本存在时就消失了，在资本本身从自己的现实性出发而创造出自己的实现条件时就消失了。”[①] 这些使资本主义本身得以产生，而一旦资本主义本身产生了就随即失去了其地位和作用的前资本主义的发展，就是马克思所说的资本主义的“被扬弃的前提”[②]。

而且，按照“内在关系的辩证法”，“对我们最为重要的是，把某种东西确立为一个前提，这是通过将它从这样一种状况中抽象出来而发生的，不仅这种东西有助于这种状况的产生，而且它本身——此时被理解为一个结果——就是与这种状况完全相连的一部分”[③]。这样，当我们把前资本主义中的发展作为资本主义的前提时，“最为重要的”就是要把前资本主义中的发展作为与资本主义“完全相连的一部分”。这与前面在“内在关系”和“抽象”中所揭

---

① 《马克思恩格斯全集》第46卷上，人民出版社1979年版，第456—457页。

② 同上书，第453页。

③ ［美］奥尔曼：《辩证法的舞蹈——马克思方法的步骤》，田世锭、何霜梅译，高等教育出版社2006年版，第147—148页。

示的是完全一致的，即前资本主义是资本主义本身的一部分。也正因为这一点，奥尔曼特别强调说，马克思"很少将封建主义看作仅仅是与资本主义并列的另一种生产方式……相反，封建主义几乎总是作为一种可以在其中找到资本主义最初起源的社会形态而进入马克思的著作的"，也就是说，"封建主义是作为资本主义的一个基本部分而被研究的"；也因此，"从资本主义出发向后经过它的前提而进入封建主义和奴隶主义的时候，没有权利将这三个阶段看成每个国家都必须经历的发展模式，而在它们被以相反的顺序加以研究时这种情况就发生得太平常了"；也因此，"尽管流传甚广，但那种被叫做'马克思主义的历史分期理论'的东西，只不过是把马克思的方法头足倒置的另一个不幸的结果而已"①。由此可见，在奥尔曼看来，奴隶主义也好，封建主义也罢，它们都仅仅是"资本主义的一个基本部分"，是包括当代资本主义在内的资本主义本身产生的前提。

然而，正因为这种前提是"资本主义最初的产生"所要求的"至少具有一些来自前社会形态的特征"的前提，所以，尽管按照"内在关系的辩证法"，奴隶主义、封建主义等等都只是"资本主义的一个基本部分"，但如果从社会形态划分的角度来看，与资本主义相比，它们都属于"前社会形态"，即前资本主义的社会形态。这样一来，整个人类社会的历史就只有三种社会形态，即前

---

① ［美］奥尔曼：《辩证法的舞蹈——马克思方法的步骤》，田世锭、何霜梅译，高等教育出版社2006年版，第152—153页。

资本主义的形态、资本主义的形态和未来社会主义共产主义的形态，也就是资本主义的现在、过去与未来三个阶段。有鉴于此，那种硬说马克思主张从全人类的角度看，整个人类必须经历五种社会形态的所谓“五种社会形态论”，仅仅是把马克思的方法头足倒置的“一个不幸的结果而已”[①]。

另一方面，奥尔曼认为，按照马克思的观点，由于事物处在“内在关系”之中，所以所谓的“前提”与“结果”之间的关系也是一种“内在关系”，这样，“前提”与“结果”之间的相互作用就是相互的一部分，“前提”与“结果”就成了一种“双重运动”，处于相互作用的过程一同发展着，同时既成为结果又成为对方结果的制造者。例如，在马克思那里，资本和雇佣劳动是资本主义生产的“前提”和“经常的产物”；外贸、世界市场、货币以及责

---

① 我国学者段忠桥教授提出了与此相同的主张。按照段忠桥教授的观点，马克思从来就没有提出过“五种社会形态理论”。在马克思看来，人类社会的发展就表现为“一个由前资本主义到资本主义再到共产主义的依次更替的过程”，因此，马克思主张的是“三大社会形态理论”，即前资本主义社会、资本主义社会和共产主义社会（社会主义是其初级阶段）。人们所熟悉的亚细亚的、古代的和封建的生产方式全都属于“前资本主义生产方式”且并非三种依次更替的社会形态。而人们经常据以得出“五种社会形态理论”结论的马克思“大体说来，亚细亚的、古代的、封建的和现代资产阶级的生产方式可以看作是社会经济形态演进的几个时代”的论断，只是表明“亚细亚的、古代的和封建的生产方式分别从逻辑上代表着前资本主义经济形态向资本主义经济形态演进的三个发展阶段”。（参见段忠桥《马克思的三大社会形态理论》，《史学理论研究》1995 年第 4 期，第 30—38 页；《马克思从未提出过“五种社会形态理论”》，《中国人民大学学报》2006 年第 5 期，第 39—47 页。）

金属的供给都同时是资本主义生产的“前提”和“结果”[①]。马克思说过：“社会生产过程的任何前提同时也是它的结果，而它的任何结果同时又表现为前提。因此，生产过程借以运动的一切生产关系既是它的条件，同样也是它的产物。”[②] 因此，资本主义产生以后，它自己的发展结果就为它自己的继续发展创造着条件和前提。而且，事实上，既然“资本主义最初的产生”所要求的“至少具有一些来自前社会形态的特征”的“前提在现实的资本存在时就消失了”，那么，“资本主义的发展”所要求的前提就只能依靠资本主义自身来创造了。这就是马克思所说的，“资本本身”要“从自己的现实性出发而创造出自己的实现条件”[③]。当代资本主义是资本主义本身的一部分。那么，显然，当代资本主义以前的资本主义本身的发展就充当了当代资本主义的“发展”所要求的前提。

二　当代资本主义发展的根本前提在今天已不再存在

按照奥尔曼的观点，包括当代资本主义在内的资本主义本身的发展需要两个根本性的前提：一是要生产出尽可能多的商品并将其卖出去；二是要将所获得的大量利润

---

① ［美］奥尔曼：《辩证法的舞蹈——马克思方法的步骤》，田世锭、何霜梅译，高等教育出版社 2006 年版，第 147 页。

② ［德］马克思：《剩余价值理论》第 3 册，人民出版社 1975 年版，第 564 页。

③ 《马克思恩格斯全集》第 46 卷上，人民出版社 1979 年版，第 456—457 页。

“资本化”并找到投资场所。但事实上，“资本主义的内部矛盾”使资本主义的生产与销售相互脱节：一方面，由于科学技术的突飞猛进，“更多的商品”被生产出来了，而另一方面，“工人作为主要消费者又无钱购买资本家生产的物资”，因而销售不出去的商品“急剧增加”，从而导致了“资本主义的生产过剩”。与此同时，资本家还“发现他们找不到能赚钱的地方去投资”。例如，过去 200 年来的衰退，就使资本家销毁了大量生产出的商品及生产工具，并到其他地方去投资生产，以增加财富。这说明，“一方面有太多的商品要卖，一方面有太多的财富要投资”，这两个问题在资本主义社会中是始终存在的。而资本家甚至还通过战争来解决这两个问题，因为战争是给他们带来财富的机会，在战争中他们可以雇用更多的工人，也就预示着有更多的工人成了新的消费者。比如使美国走出 20 世纪 30 年代大萧条的，就不是罗斯福的新政，而是第二次世界大战。美国 30 年代的统计数字表明，新政的影响不大，而生产的增加是从二战开始的。

然而，对于当代资本主义来说，上述两个根本性的前提不仅已经成为“问题”，而且已根本不再存在了。当代资本主义的衰退会比过去更加厉害，可能要超过 20 世纪 30 年代，而且全世界都将卷入。因为，即便过去最繁荣的国家在 2002 年的失业率也已高达 10%，且形势还在恶化，尽管科技进步了，也不可能使资本家雇用大量的失业工人，当代资本主义自动化、计算机化的生产所需要的工人很少。大量工人失业，消费者也减少了。而“以前能使资本家跳出衰退的办法现在已不存在了”。即便利用战争手段也已无力回天，因为，"只有像二战这样的大战才能起这样的作用"，在南斯拉夫、伊拉克等地所进行的小战争是不能起这样的作用的，因为小战争摧毁得不够多，而现在即使资本主义本身也不想大战。正是因为"资本主义存在的基础已经破坏并不存在了"，当代资本主义发展所要求的根本性前提已不再存在了，所以，奥尔曼才明确指出："资本主义已走到了尽头。"[①] 也正是因为此点，资本主义在世界范围内进行大量投资，生产大量财富的条件是它赖以生存的条件，是它这只鸡的头，但这种条件或者说这个头对于当代资本主义来说已经不再存在，所以，奥尔曼才明确指出：当代资本主义"就像一只被割掉头的鸡"，尽管它到处乱蹿乱跳，还可能伤害别人，但它"很快就会倒下去"[②]。由此可见，当代资本主义不仅只是一种历史地存在的"关系"，而且，作为一只"很快就会倒下去"的"被割掉头的鸡"，它"很快"就会灭亡。

奥尔曼还特别指出，分析资本主义要从三个"太多"着手，即资本主义国家为什么有太多的资本、太多的商品和太多的失业工人。例如，从这三个"太多"来看当今发达资本主义国家的代表美国，可以发现，其中已经存在许多与三个"太多"相关、与资本主义制度相关的走向崩溃的因素：美国的投机商越来越多，他们不是制造产品，而是投资制造用于赌博的机器；美国的最大生产商不是生产

---

① 上面有关论述均参见《美奥尔曼教授在中国谈马克思主义》，http：//www.weiweikl.com/GYZC49.htm.

② 参见孙援朝《美国奥尔曼教授认为当今西方资本主义正在走向崩溃》，《国外理论动态》1995年第1期，第5—7页。

产品，而是制作有很高利润的证券，成了所谓的证券资本家；美国的失业工人越来越多；美国的贫富差别相当严重，甚至成了世界上最贫困的两个地区之一，“在美国有几百万工人是处于贫困状态中的，其中有数十万人是有工作的，但工资很低，他们只能露宿街头”[①]；美国的文明正走向堕落。尽管当今发达资本主义面对这许多的崩溃因素，采取了许多应对措施，比如，通过意识形态这个最大的武器进行种种宣传，培养所谓“爱国主义”，从而使人们不再关注资本主义造成的种种弊端；把工厂搬到国外去，利用不发达国家廉价的劳动力，以取得较多的经济财富，同时也把资本主义的种种弊端带给不发达国家；为了保护资本家在国外的利益，在世界上建立了一种新的制度，帮助和保障本国的投资和产品销售安全——如世界货币组织，它不仅是经济组织，实际上也是一种政治组织，由全世界资本家控制，为世界资本主义服务；把除教会以外的音乐、电影、电视、体育等都变成了精神鸦片，以便使工人阶级失去阶级意识，以为社会主义在资本主义基础上实现是不可能的，从而对资本主义的改良产生幻想；为了证明资产阶级与工人阶级之间关系的合法性和资本主义社会的合理性，还利用和依靠政府在四个方面给予支持，一是依靠政府积累资本，二是依靠政府拓宽商品信息渠道，三是依靠政府证明自身的合理性，四是依靠政府压制危害自己的社会力量，如此等等，但是，当代资本主义必

① 参见《美奥尔曼教授在中国谈马克思主义》，http：//www. weiweikl. com/GYZC49. htm.

然灭亡的命运并没有改变。

众所周知，苏东剧变前后，美国学者福山求助于“简化了的”黑格尔“《精神现象学》主人—奴隶辩证法”[①]、求助于某种“彻底的非唯物主义的”辩证法，一种源于他所说的“一位新的，名叫黑格尔—科热夫的综合哲学家”的辩证法[②]，再次提出了“历史终结论”：自由民主制度是“人类意识形态发展的终点”和“人类最后一种统治形式”，并因此构成“历史的终结”。福山认为，科热夫是20世纪黑格尔最伟大的诠释者。所以，我们可以说，他所谓的“一位新的，名叫黑格尔—科热夫的综合哲学家”，说到底仍然就是黑格尔本人。黑格尔本人用不彻底的辩证法得出了“历史终结论”，福山求助于黑格尔不彻底的辩证法，其根本目的也就在于得出“历史终结论”，以便为当代资本主义进行辩护。因为，正如他自己所说的，“我们过去曾试图编写一部世界普遍史，创造出两条相互平行的历史进程，一条受现代自然科学和欲望的逻辑支配，另一条由获得认可的欲望引导。两个进程殊途同归，都走到资本主义的自由民主国家这一终点上来”[③]。

具体来说，福山是这样来论证他的所谓“历史终结论”的。首先，人类追求物质财富的欲望必然使其利用科

---

① ［法］德里达：《评福山的〈历史的终结和最后的人〉》，俞可平，《全球化时代的“马克思主义”》，中央编译出版社1998年版，第139—151页。

② ［法］德里达：《马克思的幽灵》，何一译，中国人民大学出版社1999年版，第97页。

③ ［美］福山：《历史的终结及最后之人》，黄胜强、许铭原译，中国社会科学出版社2003年版，第327页。

学技术，而科学技术的创新和进步必然使人类走向“自由市场经济”。因为，随着科学技术的进步，市场会愈益扩大，这就必然要求包括劳动力在内的社会资源的自由流动。而且，要使科学技术不断得以创新，就要求有一个科学研究的自由环境，人才要能够自由思考和交流并受到激励，但这些中央计划经济都不能满足，所以“中央计划经济的失败说到底与技术创新问题有关”。总之，“先进技术和合理的劳动组织创造出的惊人生产力和充满活力的经济世界具有巨大的同化力，使之能通过创造一个世界的全球市场，把世界上各个社会物理地相互连接起来，并且在许多不同的社会中创造一个平行的经济模式和常规。这个世界的魅力不断为参加到其中的所有人类社会开创一个非常强大的理想的制度，而这种参与的成功则需要采纳经济自由主义的原则，这就是磁带录像机（指自由市场经济——引者注）的最后胜利”①。其次，“为获得认可而斗争”使人类社会走向了资本主义的自由民主国家。在福山看来，黑格尔的“获得认可”论为我们再现了一种完全的非唯物主义的历史辩证法，为我们提供了一个可替代的“历史发展机制”，用来理解以“为获得认可而斗争”为主线的历史进程。按照黑格尔的“获得认可”论，“最初之人”为了使自己的尊严获得他人的认可而相互展开了为声名而死的血腥之战，敢于冒死亡之险的人成了主人，怕死的人在生死之战面前屈服而成了不怕死者的奴隶，于是主人—奴

---

① ［美］福山：《历史的终结及最后之人》，黄胜强、许铭原译，中国社会科学出版社2003年版，第122页。

隶关系确立。人类以这种关系为基础建立了各种不平等的贵族社会。但贵族社会的这种“认可”是不充分的。一是奴隶不被看作是人，也就谈不上已被“认可”；二是“主人”仅仅得到了“不是人”的“奴隶”的认可，而没有得到同样是人的其他“主人”的认可。所以，无论是“主人”还是“奴隶”都不会满意。加上奴隶在做奴隶的过程中，愈发认识到自己才是自然的真正主人。基于此种状况，“主人”和“奴隶”们都会继续为获得认可而斗争，终于在美国和法国的民主革命以后，“获得认可”的需要在一个实现了普遍和互相认可的社会中得到了满足，历史也由此走到了尽头。福山甚至在此意义上说，“获得认可的欲望是历史的发动机”①。综上所述，福山认为，现代自然科学的发展和为获得认可而进行的斗争这两套动力推动着人类社会向前发展，并终于使建立在经济和认可这两个支柱之上的“人人相同、人人平等”的当代资本主义自由民主国家得以确立，历史也随之而走向了终结，人也都成了包括物质和普遍认可在内的一切需要都能得到满足的“最后之人”。

实际上，福山用玷污了辩证法的“否定”这个“灵魂”② 的黑格尔不彻底的非唯物主义辩证法得出历史已经终结于当代资本主义的自由民主国家这个结论，只是一个典型的案例。在奥尔曼看来，由于多数人只看到或只关注

① ［美］福山：《历史的终结及最后之人》，黄胜强、许铭原译，中国社会科学出版社 2003 年版，代序，第 10 页。

② 邓晓芒：《黑格尔辩证法讲演录》，北京大学出版社 2005 年版，第 59 页。

狭隘的、孤立的、静止的部分，而否认或忽略当代资本主义是一个有机的关系整体，看不到当代资本主义中存在的各种关系，当然也就看不到当代资本主义与其过去和未来之间的“内在关系”，所以，他们的当代资本主义就理所当然是与过去和未来相隔绝的资本主义。但是，正如前面已经指出的，“把现在要么与过去完全隔离要么与未来完全隔离（或同时与两者都隔离），这样的现在也会成为一种思想的牢笼……受到这种状况影响的人，仅仅把事物当前的表现当作它的实在、全部和惟一可能”[①]。以这样的现在观为主导，将资本主义看成永恒的存在，认为历史在当代资本主义已经走到了尽头，也就是必然的了。也就是说，“历史终结论”的持有者并非只是福山等少数人，而是多数人。

有必要在此补充说明的是，包括福山在内的许多人都认为马克思也是一位“历史终结论”者。比如，福山就说：“黑格尔和马克思都曾相信，人类社会的发展是有终点的，会在人类社会实现一种能够满足它最深切、最根本的愿望的社会形态后不再继续发展。这两位思想家因此断言，会有‘历史的终结’阶段。黑格尔将‘终结’定位于一种自由的国家形态，而马克思则把它确定为共产主义社会。”[②] 这种观点显然是不成立的。因为，马克思的唯物辩证法是彻底的辩证法，“按其本质来说，它是批判的和革

---

① ［美］奥尔曼：《辩证法的舞蹈——马克思方法的步骤》，田世锭、何霜梅译，高等教育出版社 2006 年版，第 235 页。

② ［美］福山：《历史的终结及最后之人》，黄胜强、许铭原译，中国社会科学出版社 2003 年版，代序，第 3 页。

命的”[1]。这种“批判性”和“革命性”体现在，辩证法“在对现存事物的肯定的理解中同时包含对现存事物的否定的理解，即对现存事物的必然灭亡的理解；辩证法对每一种既成的形式都是从不断的运动中，因而也是从它的暂时性方面去理解”[2]；辩证法“推翻了一切关于最终的绝对真理和与之相应的绝对的人类状态的观念。在它面前，不存在任何最终的东西、绝对的东西、神圣的东西；它指出所有一切事物的暂时性；在它面前，除了生成和灭亡的不断过程、无止境的由低级上升到高级的不断过程，什么都不存在”[3]。由此看来，共产主义只是迄今人类社会所能认识到的最美好的社会形态，用恩格斯的话说就是，“我们只能在我们时代的条件下去认识，而且这些条件达到什么程度，我们才能认识到什么程度”[4]。况且马克思并没有详细规定未来的共产主义社会应该是什么样子的社会，而是把这种思考留给了后人，留给了未来共产主义社会的人去思考，他说的非常明确：“在将来某个特定的时刻应该做些什么，应该马上做些什么，这当然完全取决于人们将不得不在其中活动的那个既定的历史环境。但是，现在提出这个问题是不着边际的，因而实际上是一个幻想的问题，对这个问题的唯一的答复应当是对问题本身的批判。”[5] 也就是说，对未来的共产主义社会作出详细的规定，这只能

---

① 《马克思恩格斯选集》第 2 卷，人民出版社 1995 年版，第 112 页。

② 同上。

③ 《马克思恩格斯选集》第 4 卷，人民出版社 1995 年版，第 217 页。

④ 同上书，第 337—338 页。

⑤ 同上书，第 643 页。

由那时的人们根据他们“不得不在其中活动的那个特定的历史环境”来进行。说到底，在马克思那里，共产主义并不是人类社会发展的终极状态，而只是获得彻底解放的真正人类历史的新开端，因为，马克思明确说过，“资产阶级的生产关系是社会生产过程的最后一个对抗形式，这里所说的对抗，不是指个人的对抗，而是指从个人的社会生活条件中生长出来的对抗；但是，在资产阶级社会的胎胞里发展的生产力，同时又创造着解决这种对抗的物质条件。因此，人类社会的史前时期就以这种社会形态而告终”[①]，共产主义终结的只是“人类社会的史前时期”，而它开启的却是真正人的历史。国内学者周仲秋教授对此作了很好的说明：“马克思始终用发展的眼光来看待共产主义，从本质上把共产主义理解为由一种经济形态发展到一种更高的经济形态，由不成熟的经济形态发展到比较成熟的经济形态的动态过程。正因为这样，马克思一贯拒绝把什么最终规律强加给人类。在共产主义问题上，马克思是个彻底的‘不断发展论者’。”[②]

既然奥尔曼运用马克思主义“内在关系的辩证法”揭示出当代资本主义发展的前提在当今已经不再存在了，当代资本主义就像一只“很快就会倒下去”的“被割掉头的鸡”，“很快”就会灭亡，那么，我们就不难看出，所谓历史将终结于当代资本主义的“历史终结论”是荒谬的。正如马克思

---

① 《马克思恩格斯选集》第 2 卷，人民出版社 1995 年版，第 33 页。

② 周仲秋：《马克思的社会主义观》，湖南师范大学出版社 2002 年版，第 246 页。

所指出的，“内部联系一旦被了解，相信现存制度的永恒必要性的一切理论信仰，还在现存制度实际崩溃以前就会破灭”[①]。奥尔曼的结论也有力地反驳了上述“终结论”。

除了所谓的“历史终结论”以外，还有一种观点值得在此提及，那就是著名的“否定的辩证法”持有者特奥多·阿多诺用其“否定的辩证法”来分析当代资本主义所得出的当代资本主义持久论。不仅如此，用国内某些学者的话来说，阿多诺还“用心良苦”地希望人们认识当代资本主义的这种持久性。按照阿多诺的观点，所谓“否定的辩证法”就是一种“非强制和非同一性的辩证认识和批判理论”[②]，“它的逻辑是一种瓦解的逻辑”[③]。说到底，“否定的辩证法”就是要批判和瓦解资本主义社会中的一切同一性的强制。于是，“阿多诺不仅展开了对意识形态、技术理性、商品一体交换、极权政治、大众文化、工具理性等等的具体批判，而且深刻地触及了它们的本质根源。阿多诺指出，这些都根源于统治和压抑的同一性”[④]。正因为如此，阿多诺才明确表示，“否定的辩证法”打算靠在同一性强制中贮藏起来并在它的对象化物中凝结的能量来破除这种同一性的强制。而阿多诺“‘否定的辩证法’中的

① 《马克思恩格斯选集》第4卷，人民出版社1995年版，第581页。

② 张一兵：《无调式的辩证想象——阿多诺〈否定的辩证法〉的文本学解读》，生活·读书·新知三联书店2001年版，第60页。

③ ［德］阿多诺：《否定的辩证法》，张峰译，重庆出版社1993年版，第142页。

④ 吴友军：《批判的生存论辩证法——阿多诺“否定的辩证法”的实质》，《马克思主义与现实》2005年第1期，第117—123页。

同一性观念的核心思想，即同一性的本质是资本主义制度”，所以，对他来说，否定性“不首先是一种理论姿态，而是一种现实的政治姿态，即对资本主义交换体制的批判与反对”[①]，因为，同一性原则的现实社会基础是商品交换。简而言之，阿多诺运用“否定的辩证法”批判同一性哲学也好，批判同一性强制也罢，其根本目的都在于批判资本主义，都在于解开“资本主义的永恒化或历史的自然化问题”这个“谜”[②]，以揭示资本主义的暂时性和历史性。然而，虽然阿多诺对当代资本主义进行了“资产阶级社会最激烈的批判”，并“认为当代资本主义不过是资本主义发展的一个新的阶段，这个按照资本的原则全面组织起来的社会并没有改变资本主义必然灭亡的命运，而且，较之于自由资本主义时代，其危机也将更具毁灭性”，但他认为，当代资本主义“‘自动的’毁灭却不再能够被预期了”[③]，甚而认为当代资本主义将持久存在。正如国内学者张亮副教授正确指出的：“虽然阿多诺在哲学无情的自我批判中寄托了自己对于人类命运无希望的希望，但归根结底，他对现代资本主义这个全面‘被管理的社会’的历史前景是悲观的。”[④]

---

① 张亮：《“崩溃的逻辑”的历史建构——阿多诺早中期哲学思想的文本学解读》，中央编译出版社 2003 年版，第 225、202 页。

② 同上书，第 191—192 页。

③ 张亮：《作为思潮的“晚期马克思主义”》，《现代哲学》2002 年第 2 期，第 41—48 页。

④ 张亮：《“崩溃的逻辑”的历史建构——阿多诺早中期哲学思想的文本学解读》，中央编译出版社 2003 年版，第 14 页。

同样是用马克思主义的辩证法来分析和认识当代资本主义，为什么奥尔曼和阿多诺却得出了虽然不是截然相反但也是极为不同的结论呢？我们将在后面对此作出简单的探讨。

三 当代资本主义为其后的社会创造了前提

奥尔曼认为，由于"内在关系"使与资本主义有关的生活方式处在所有具有历史前提的事物的序列之中，也就是说，使它们成了一种历史的存在，处在具体的历史时间之中，所以，它们也能充当随后所发生的事物的前提。这正如马克思所说的，"资产阶级的经济统治，从而这样或那样形式的政治统治，无论对现代无产阶级的生存来说，或者对创造'实现无产阶级解放的物质条件'来说，都是基本的条件"；把过去当作现在的"被扬弃的前提"来研究，"同样会得出预示着生产关系的现代形式被扬弃之点，从而预示着未来的先兆，变易的运动。一方面，如果说资产阶级前的阶段表现为仅仅是历史的，即已经被扬弃的前提，那么，现代的生产条件就表现为正在扬弃自身，从而正在为新社会制度创造历史前提的生产条件"[①]。也就是说，包括前资本主义在内的当代资本主义之前的发展为当代资本主义创造了"前提"，同样当代资本主义本身也在为它的未来社会创造"前提"。

马克思指出："发展社会劳动生产力，是资本的历史

① 《马克思恩格斯全集》第 14 卷，人民出版社 1964 年版，第 477 页；《马克思恩格斯全集》第 46 卷上，人民出版社 1979 年版，第 458 页。

任务和存在理由。资本正是以此不自觉地为一个更高级的生产形式创造物质条件”；“在资产阶级社会的胎胞里发展的生产力，同时又创造着解决这种对抗的物质条件”；“共产主义对我们来说不是应当确立的状况，不是现实应当与之相适应的理想。我们所称为共产主义的是那种消灭现存状况的现实的运动。这个运动的条件是由现有的前提产生的”[①]。列宁也指出：“国家垄断资本主义是社会主义的最充分的物质准备，是社会主义的前阶。”[②] 也就是说，国家垄断资本主义事实上为社会主义准备了最充分的前提。列宁还指出：“共产主义是从资本主义中产生的，它在历史上是从资本主义中发展起来的，它是资本主义产生的那种社会力量发生作用的结果。”[③] 当代资本主义的发展水平，在各个方面都已经与马克思和列宁当年所面对的资本主义不可同日而语了。各个方面都高度发达的当代资本主义为其未来准备的前提显然比那时的资本主义所准备的要更加充分得多。按照奥尔曼的观点，资本主义尤其是当代资本主义中形成和发展起来的工人的和消费者的合作、公共教育、市属医院、政治民主、国有化的企业；发达的工业、巨大的物质财富、高水平的科学、职业技术、有组织的结构、教育和文化；以及日益社会化的生产、物质生产资料从资本家的直接控制下日益增长的、使后者甚至比他们已经表现出来的更为多余的分离；等等，都在为当代资本主

---

① 《马克思恩格斯选集》第 2 卷，人民出版社 1995 年版，第 466、33 页；《马克思恩格斯选集》第 1 卷，人民出版社 1995 年版，第 87 页。

② 《列宁选集》第 3 卷，人民出版社 1995 年版，第 266 页。

③ 同上书，第 187 页。

义的未来创造着将要“被扬弃的前提”。

必须注意的是，正如马克思所说的：“如果工人居于统治地位，如果他们能够为自己而生产，他们就会很快地，并且不费很大力量地把资本提到（用庸俗经济学家的话来说）他们自己的需要的水平。”这里，“工人作为主体使用生产资料这个客体来为自己生产财富。当然，这里要以资本主义生产一般说来已把劳动生产力发展到能够发生这一革命的必要高度为前提”①，奥尔曼认为，当代资本主义为其未来社会创造的“重要的前提之一”应该是“高度发达的生产力”②。在他看来，说什么东西是某一事物的“前提”，实际上也就是说，为了使该事物成其为该事物，什么东西必须产生并确实导致了该事物。由此看来，说“高度发达的生产力”应该是未来社会的“重要的前提之一”，表明为了使当代资本主义之后的未来社会成为现实，人类必须创造“高度发达的生产力”。而且因为这种未来社会作为当代资本主义本身的一部分是必然要到来的，所以，“高度发达的生产力”就必须产生并必然会导致这种未来。就如马克思所指出的，“生产资料的集中和劳动的社会化，达到了同它们的资本主义外壳不能相容的地步。这个外壳就要炸毁了。资本主义私有制的丧钟就要响了。剥夺者就要被剥夺了”③，当生产力“高度发达”，当代资

① ［德］马克思：《剩余价值理论》第2册，人民出版社1975年版，第661页。

② ［美］奥尔曼：《辩证法的舞蹈——马克思方法的步骤》，田世锭、何霜梅译，高等教育出版社2006年版，第158页。

③ 《马克思恩格斯选集》第2卷，人民出版社1995年版，第269页。

本主义的生产关系再也不能容纳这种生产力的时候，当代资本主义就会成为生产力进一步发展的桎梏，这种“外壳”就必然会被炸毁。

第二章

在"抽象"中揭示当代资本主义的本质

奥尔曼指出，"马克思对资本主义的研究在很大程度上是对其本质联系的研究"①，这恰如马克思自己所说的："我们现在必须弄清楚私有制，贪欲和劳动、资本、地产三者的分离之间，交换和竞争之间，人的价值和人的贬值之间，垄断和竞争等等之间，这全部异化和货币制度之间的本质联系。"② 而对这种"本质联系"的研究离不开科学，因为，正如马克思所说的，现象的"隐藏在它们背后的基础"，即其本质，"只有通过科学才能揭示出来"③，而"如果事物的表现形式和事物的本质会直接合而为一，一切科学就都成为多余的了"④。马克思还批评那些庸俗经济

---

① ［美］奥尔曼：《辩证法的舞蹈——马克思方法的步骤》，田世锭、何霜梅译，高等教育出版社 2006 年版，第 99 页。

② ［德］马克思：《1844 年经济学哲学手稿》，人民出版社 2000 年版，第 51 页。

③ ［德］马克思：《资本论》第 1 卷，人民出版社 1975 年版，第 593 页。

④ ［德］马克思：《资本论》第 3 卷，人民出版社 1975 年版，第 923 页。

学家说，他们“根本想不到，实际的日常的交换关系和价值量是不能直接等同的。……当庸俗经济学家不去揭示事物的内部联系却傲慢地断言事物从现象上看是另外的样子的时候，他们自以为这是作出了伟大的发现。实际上，他们所断言的是他们仅仅抓住了外表，并且把它当作最终的东西。这样一来，科学究竟有什么用处呢?”①。奥尔曼认为，“正是马克思力图把握资本主义‘本质联系’的工作使马克思主义成了科学”②。

而“作为揭示本质的工作，科学主要关心的就是那些不能由直观看出的主要关系；它对于被认为是内在相连的事物之间的关系的揭示，要超过我们在日常生活中所能达到的水平”③。如何才能揭示那些“不能由直观看出的主要关系”呢？如前所述，要靠抽象。马克思认识现实的方法是从“现实的具体”出发，经过“抽象”而到达“精神上的具体”④。可见，马克思所说的“精神上的具体”实际上就是马克思主义对现实本质的认识。这也说明，要正确分析和认识当代资本主义的本质，我们也必须从“现实的具体”出发，经过“抽象”而到达“精神上的具体”。运用马克思主义“内在关系的辩证法”，在“内在关系”中审视当代资本主义的存在方式，对于当代资本主义是一个更为复杂的关系整体，一种历史地存在的“关系”的揭示，

---

① 《马克思恩格斯选集》第 4 卷，人民出版社 1995 年版，第 581 页。

② ［美］奥尔曼：《辩证法的舞蹈——马克思方法的步骤》，田世锭、何霜梅译，高等教育出版社 2006 年版，第 163 页。

③ 同上书，第 164 页。

④ 同上书，第 72 页。

还只是认识到了当代资本主义“现实的具体”。要对它有更加充分的认识，以便揭示它的本质，还有赖于运用恰当的“抽象”来构建其恰当的“精神上的具体”。奥尔曼正是循着这种思路，运用马克思主义“内在关系的辩证法”之独特的“抽象”，即“宏大的范围”、“资本主义的概括层次”和“无产阶级的角度”，构建了关于当代资本主义正确的“精神上的具体”，从而揭示了当代资本主义的本质。

还须指出，在奥尔曼看来，马克思称为任何事物的“本质”的东西，会随着他的目的而发生某种变化，换句话说，“由于马克思认为理解任何事物的关键，部分地取决于正在被思考的问题，所以他认为是该事物本质的东西也会发生变化”。例如，人的“本质”被依次说成了他的活动、他的社会关系以及他所占用的自然的一部分。而那种认为人的本质是处于其相互联系中的所有这一切的观点，以及那种想给人一个如果不是必然永恒的也是固定的本质的观点，都是错误的。因此，在他看来，“马克思利用‘本质’只是为了把某一组关系作为关键而凸显出来”[①]。这说明，按照马克思主义“内在关系的辩证法”，事物的“本质”并不是惟一的，也不是固定不变的。因此，奥尔曼在“抽象”中所揭示的当代资本主义的“本质”同样不是惟一的，也不是固定不变的，而只是将当代资本主义中的某些关系作为关键凸显了出来。为了凸显当

---

① ［美］奥尔曼：《辩证法的舞蹈——马克思方法的步骤》，田世锭、何霜梅译，高等教育出版社 2006 年版，第 99 页。

代资本主义的现在与其过去、未来之间的关系，他揭示了当代资本主义的“暂时性”；为了凸显当代资本主义中各种矛盾和问题与资本之间的关系，他揭示了当代资本主义“资本性”；而为了凸显当代资本主义中无产阶级与资产阶级两大阶级之间的关系，他揭示了当代资本主义的“阶级性”。

第一节　范围的抽象

尽管现实中每个人都在进行抽象，但在奥尔曼看来，由于大多数人受到了资产阶级意识形态的影响，所以他们根本就不能以恰当的抽象来分析和认识当代资本主义，更谈不上认识当代资本主义的本质了。那么，资产阶级意识形态为什么就不能正确地分析和认识当代资本主义及其本质呢？这是因为，虽然“马克思从来没有将意识形态作为纯粹的谎言予以批判，或断言它的主张完全是错误的”，但是，鉴于这种意识形态总是有“错误的，否则就是不适当的范围、概括层次和角度的抽象，这些抽象及其含义都没有被如其所是地来加以理解”，加之有资本主义的条件和资本家有意识的操纵，它总是“过于狭窄的、局部的、模糊的和/或片面的”[①]。以这种资产阶级“过于狭窄的、局部的、模糊的和/或片面的”观点来分析和认识当代资

① 参见［美］奥尔曼《辩证法的舞蹈——马克思方法的步骤》，田世锭、何霜梅译，高等教育出版社2006年版，第129—130页。

本主义，其结果自然就是对其本质的"掩饰"或"歪曲"。实际上，正如马克思早就一针见血地指出的："从资产阶级的观点出发，也不可能有别的结果……"①

从范围的抽象来看，按照奥尔曼的观点，我们在认识具体事物的时候所抽象的范围是非常重要的，范围的大小决定了所能纳入的东西的多少。如果所抽象的范围很大，就能够对事物作出综合的、全面的考察并由此得出正确的认识；反之，如果所抽象的范围太小，就会因为排除了许多本来应该被考察的东西，这样，就只能像罗马卡库斯神话中牛的主人们那样，仅仅根据当下的"脚印"来认识事物，从而得出错误的结论。就分析和认识当代资本主义而言，恰恰存在这样两种情况：一种是运用马克思主义辩证法所作的抽象，其范围是非常宏大的；另一种是资产阶级意识形态以及受其影响的人们所作的抽象，其范围是非常狭窄的。这也带来了两种关于当代资本主义的截然不同的结论，前者的结论是当代资本主义只是人类发展过程中的一个暂时的阶段，具有"暂时性"，而后者的结论却是当代资本主义是一种永恒的东西，具有"永恒性"。

一　"狭窄的范围"浮现的只是虚幻的"永恒性"

资产阶级意识形态的最主要表现就是其抽象的范围是"狭窄"或"过于狭窄"的。这种"狭窄"的表现就是抽

① 《马克思恩格斯选集》第2卷，人民出版社1995年版，第579页。

象了太短的时间和太少的相互作用。也就是说，资产阶级意识形态在认识具体事物的时候，总是只看到它的当下表现，其过去的来源和向未来发展的趋势，以及其周围的环境都被排除在外了。例如，资产阶级政治经济学家在抽象事物的时候，总是只抓住最终结果却忽视了促成这种结果的过程：商品交换取代了使产品成为商品并最终可用于交换的全部过程；事物的价格（某种每个人都能在市场上看到的东西）代替了形成价格的人们之间的关系（某种只能通过分析才能被理解的东西）；资本仅仅是生产资料；商品是被买卖的任何物品；利润是资本家获得的某种东西；市场本身是买卖双方直接交易的、遵循它自己特有社会规律的商品和服务的交换。再如，资产阶级意识形态将“自由”说成了这样一种抽象，即每当我们不考虑现实的个人“互相接触的条件即不考虑生存条件”[①] 时的状态，也就是说，这样的“自由”脱离了人们所处的各种环境。

这种对事物的当下表现即现象的片面关注所造成的一个主要的意识形态结果，就是颠倒了真实的关系。比如，直接吸引人们的东西被认为决定了那些使它得以产生的或多或少隐藏着的过程。这显然是不准确的，因为，正如阿米里·巴拉卡如此生动地指出的，“打猎并不是挂在墙上的那些猎物的头”[②]。再如，如果把使自由成为可能或不可能的条件——包括可利用的现实事物、货币的作用、进行

① 《马克思恩格斯全集》第 46 卷上，人民出版社 1979 年版，第 110 页。

② ［美］奥尔曼：《辩证法的舞蹈——马克思方法的步骤》，田世锭、何霜梅译，高等教育出版社 2006 年版，第 94 页。

选择的人的社会化等等——从“自由”的意义中去掉的话，剩下的也就只是一种歪曲和打乱甚至它意图表现的那部分现实的观念了。奥尔曼认为，马克思对任何领域中的资产阶级思想的主要批评就是，他们不注意周围的并且表现在他们特有的描述和解释中的更大的环境。他们的错误在于，把直接的表现当成了全部的真理，把直接观察到的东西当成了逻辑地自立于赋予其含义的各要素之间结构性地相互依存之外的东西。针对马克斯·施蒂纳寻求抽象一个没有乱七八糟的假设——无论自然的还是社会的——的“我”以使个人的自由最大化的做法，马克思就指出，排除了使他产生的一切条件及其活动的全部环境，这个“我”不是一个对于理解个人的一切有特别帮助的抽象，尤其对理解他的自由没有帮助①；通过揭开劳动与它在其中进行的社会条件之间的关系，包括通常被用来解释这些条件的像工资这样的观念，马克思表明，资产阶级政治经济学以“工人按时间获取报酬的事实”证明“以工作时间的总数为基础的工资代表了给劳动的全部报酬”的做法是错误的，事实上，“工人拿回的仅仅是他们所创造的财富的一部分”②。总之，由于抽象的是“狭窄的范围”，资产阶级意识形态在考察和认识当代资本主义的时候，所看到的仅仅是事物的现象，而它却误将其当成了本质。在奥尔曼看来，这种“视现象为本质的错误”正是马克思所说的

---

① 《马克思恩格斯全集》第3卷，人民出版社1960年版，第313页。

② ［美］奥尔曼：《辩证法的舞蹈——马克思方法的步骤》，田世锭、何霜梅译，高等教育出版社2006年版，第188页。

“拜物教”。

这样的“拜物教”是不可能正确分析和认识当代资本主义这样一个更为“巨大的引力场”，一种历史地存在的“关系”的。其最主要的表现就是，因为作为资产阶级的意识形态，其“狭窄的范围”仅限当代资本主义的“当下表现”，所以把当代资本主义看成了某种“一直存在并将永远存在的”东西，从而掩盖了当代资本主义“暂时性”的本质，给人留下一种当代资本主义虚幻的“永恒性”。

具体而言，首先，当代资本主义的“当下表现”排除了其“过去的来源和向未来发展的趋势”。既然当代资本主义的“过去”和“未来”都被排除了，那么，剩下的就只有它的“现在”了，于是“永恒”的“现在”成了理所当然。其次，资本的“当下表现”排除了它与其他事物之间的“相互作用”，于是，资本就仅仅是物质生产资料或用来购买这种资料的货币。至于物质生产资料与那些占有它们的人、那些使用它们的人、它们的特殊产物、价值以及占有和使用在其中进行的条件之间的联系，对于资本是什么而言就不是内在的关系，而仅仅是一种外在的关系了。而根据马克思的观点，“政治经济学家们没有把资本看成是这样一种关系，因为他们不敢承认它的相对性质，也不理解这种性质”[①]，这说明，资产阶级意识形态之所以只看到资本的“当下表现”，是因为资产阶级经济学家们根本“不敢承认”、也“不理解”资本的“相对性质”。于

① ［德］马克思：《剩余价值理论》第3册，人民出版社1975年版，第292页。

是，他们就把资本当成了一种非历史的东西，而不是将资本当作一种历史事件、当作某种作为人们现实生活中的特殊条件的结果而出现，并将随着这些条件的消失而消失的东西。奥尔曼说，虽然资产阶级经济学家不曾对这一立场进行明确的辩护，也没有如此明确和肯定的说法，但在他们那里，资本仍然变成了某种“一直存在并将永远存在”①的东西。根据马克思的观点，“我们称为资本主义生产的是这样一种社会生产方式，在这种生产方式下，生产过程从属于资本，或者说，这种生产方式以资本和雇佣劳动的关系为基础，而且这种关系是起决定作用的、占支配地位的生产方式”②。可见，当代资本主义仍然是“以资本和雇佣劳动的关系为基础”的生产方式。那么，既然资本是“一直存在并将永远存在”的，“以资本剥削雇佣劳动为基础”的当代资本主义也就成了一种“一直存在并将永远存在”的东西。最后，根据奥尔曼的观点，目前主导着资产阶级社会科学的观点也证明了当代资本主义具有“永恒性”的结论。按照这种主导社会科学的观点，事物存在着并且经历着变化，但“事物”与“变化”二者是逻辑地截然不同的，历史是发生在事物身上的某种东西，但它不是事物性质的一部分，这样，就很难考察事物的变化了，“变化”从一开始就从“事物”中排除了；也因此，就不可能像马克思所说的那样，“对每一种既成的形式都是从

---

① ［美］奥尔曼：《辩证法的舞蹈——马克思方法的步骤》，田世锭、何霜梅译，高等教育出版社 2006 年版，第 85 页。

② 《马克思恩格斯全集》第 47 卷，人民出版社 1972 年版，第 151 页。

不断的运动中，因而也是从它的暂时性方面去理解”[1]，相反，“事物”变成了某种“一直存在并将永远存在”的东西。总之，按照资产阶级意识形态，就当代资本主义而言，它无所谓“过去”，也无所谓“未来”，它是从来就有的，并将永远存在下去，或者说，它是“永恒”的。

二　“宏大的范围”展现实在的“暂时性”

与资产阶级意识形态相反，奥尔曼运用马克思主义“内在关系的辩证法”之“宏大的范围”来抽象事物，以至于能够如同马克思所说的那样“按照事物的真实面目及其产生情况”[2] 来抽象，从而使事物的产生情况成了它现在的一部分。因此，资本（或劳动，或货币）就不仅是它如何产生和起作用，而且是它如何发展；或更恰当地说，它如何发展，它的实际历史，也是它是什么的一部分。而且，在马克思主义“内在关系的辩证法”中，“历史”不仅指过去的时间，而且指未来的时间，以至于无论某种事物将要变成的是什么——不管我们是否知道那将是什么，它在一些重要方面都是该事物现在是什么以及曾经是什么的一部分。这样，资本，就不仅仅是用来创造财富的物质生产资料，它还包括这些具体生产资料发展的早期阶段，或“原始积累”，甚至包括一切使它正是以它创造的方式（即允许财富采用价值的形式，某种不是因为有用而是为了交换的目的被创造的东西）来创造财富成为可能的东

---

① 《马克思恩格斯选集》第 2 卷，人民出版社 1995 年版，第 112 页。

② 《马克思恩格斯选集》第 1 卷，人民出版社 1995 年版，第 76 页。

西，以及现在正在发生的资本积累与它的集中和积聚趋势，这种趋势对世界市场的发展和最终向社会主义过渡的影响等等。总之，以“宏大的范围”来抽象资本，资本的“历史”，即其真实的过去和可能的未来，都成了资本现在是什么的一部分。换句话说，在“宏大的范围”中，我们就不仅能够看到资本的现在，而且能够看到它真实的过去和可能的未来。这就显示出，“资本”并不是一种“一直存在并将永远存在”的东西，它是由过去发展而来的，也必然会向未来发展而去。

奥尔曼“宏大的范围”抽象，不仅将事物真实的过去和可能的未来都当成了该事物是什么的一部分，而且将它的周围环境，或者说，它与其他事物之间的系统联系和相互作用也当成了该事物是什么的一部分。因此，资本就成了一种复杂的“关系”，其中包括物质生产资料、资本家、工人、价值、商品、货币以及更多东西之间的内在联系和相互作用。例如，正如马克思所说的：“资本就必然地同时是资本家……资本的概念中包含着资本家”；工人是“可变资本”；“被社会某一部分人所垄断的生产资料”、“工人的已经转化为独立权力的产品”以及“货币”、“商品”，甚至“吸收创造价值的力的价值”也是资本①。而一旦资本被“宏大的范围”抽象成了这样一种“关系”，它也就自然成了一种历史事件，一种作为现实人们生活中的

---

① 《马克思恩格斯全集》第46卷上，人民出版社1979年版，第508页；［德］马克思：《资本论》第1卷，人民出版社1975年版，第630页；《马克思恩格斯选集》第2卷，人民出版社1995年版，第577页；［德］马克思：《资本论》第1卷，人民出版社1975年版，第626页。

特殊条件的结果而出现，并将随着这些条件的消失而消失的东西。

同样，既然资本不是“一直存在并将永远存在”的，那么，“以资本剥削雇佣劳动为基础”的当代资本主义也就不可能是一种“一直存在并将永远存在”的东西。同时，既然“宏大的范围”抽象要将任何事物的“历史”及其所属的“系统”都当成它本身的一部分，那么，当代资本主义本身的“历史”及其所属的“系统”也就成了它本身是什么的一部分。从“历史”上看，当代资本主义必然有其过去的来源和未来的发展趋势；从“系统”上看，当代资本主义中包含着各种各样的内在联系和相互作用，是一种复杂的“关系”，它必然是随着一定条件的产生而产生的，也必然要随着这种条件的消失而消失。一句话，“宏大的范围”使我们能够清楚地看到，当代资本主义必然是由过去发展而来的，也必然会向未来发展而去。

总之，正如奥尔曼所指出的，“本质一般把系统的和历史的联系（包括某种东西似乎要趋向何处，以及它是从哪里来的）当作事物是什么的一部分。它关注的是被扩展了的一系列内在关系”①，鉴于奥尔曼运用“宏大的范围”抽象把当代资本主义及其基础资本的“系统的和历史的联系”，把它们的来源和发展趋势，都当成了它们本身的一部分，所以我们说，奥尔曼揭示了当代资本主义的“本质”。而且，正是当代资本主义的“历史性”和“系统性”

---

① ［美］奥尔曼：《辩证法的舞蹈——马克思方法的步骤》，田世锭、何霜梅译，高等教育出版社 2006 年版，第 99 页。

突现了其"相对性质"，从而破除了其虚幻的"永恒性"，展现了其实在的"暂时性"。

奥尔曼说，"正是通过将如此之多的东西纳入了他的抽象——并像他那样经常地改变它们——马克思极大地促进了他关于我们称之为资本主义生产方式的双重运动的东西的分析"[①]，我们也可以说，"正是通过将如此之多的东西纳入了他的抽象"，奥尔曼极大地促进了他关于当代资本主义的分析，其中最根本的就是，展现了当代资本主义的本质之一，即其"暂时性"，从而也显示了当代资本主义从过去而来、向未来而去的"必然性"。

第二节　概括层次的抽象

奥尔曼认为，概括层次的抽象与使用具有不同放大倍率的显微镜非常相似，它使我们能够看到任何事物的独特性质，或与它在资本主义中的作用有关的性质，或它作为人类社会的一部分所具有的性质，如此等等。但为了认识某个具体事物，我们应该抽象一个把主要决定该事物的属性放到中心的概括层次。从这个意义上讲，为了分析和认识当代资本主义，我们就应该抽象一个把主要决定当代资本主义的属性放到中心的概括层次。这个层次就是"资本主义的概括层次"。可是，资产阶级所抽象的却是"独一

① ［美］奥尔曼：《辩证法的舞蹈——马克思方法的步骤》，田世锭、何霜梅译，高等教育出版社 2006 年版，第 95 页。

无二的东西的概括层次”和“人类社会的概括层次”，因此是不恰当的。

一 “独一无二的东西的概括层次”或“人类社会的概括层次”显现的只是抽象的“人性”

从抽象“概括层次”来看，资产阶级意识形态的最主要表现，就是其抽象的概括层次是“不适当”的。在第一层次即独一无二的东西所构成的层次、第二层次即现代资本主义的层次、第三层次即资本主义本身的层次、第四层次即阶级社会的层次、第五层次即人类社会的层次、第六层次即动物世界的层次和第七层次即自然界的层次等七种概括层次中，资产阶级意识形态运用的主要是第一层次和第五层次，即独一无二的东西所构成的层次和人类社会的层次。例如，资产阶级意识形态在第一层次和第五层次，即独一无二的东西所构成的层次和人类社会的层次上抽象人，使得人要么是第一层次上完全不同的人，因为每个人都有一个特有的名称；要么是第五层次上完全相同的人，因为他们都是人类的一个成员。再如，资产阶级经济学家在第五层次即人类社会的概括层次上抽象生产，满足于对生产一般的认识，并试图用“任何社会的生产都要利用物质自然，即财产的最一般形式”这个一般真理，来解释和辩护资本主义社会的财富分配方式。

虽然奥尔曼在谈到对人的各种抽象时，明确表示，“问题不是这些不同的抽象中哪一种是正确的。就人们具有属于这些概括层次中的每一个层次的性质来说，它们都是正确的”，但他紧接着说，我们还必须弄清的问题是，“为解决一系列具体的问题，哪一种是适当的抽象?"①很显然，为了正确分析和认识当代资本主义，资产阶级意识形态所抽象的概括层次是“不适当”的。例如，按照它的概括层次，人要么是完全不同的人，要么是完全相同的人，这样，现实中的人还应该划分为资本家与工人，他们分别属于不同的阶级即资产阶级和无产阶级这样重要的区分就被排除在资产阶级意识形态之外了。而且，由于直接从第一层次过渡到了第五层次，所以它可能甚至从来就没有认识到阶级本身的存在，如此要否定阶级也就轻而易举了。再如，资产阶级经济学家用适合于“生产一般”的“一般真理”来解释和辩护资本主义社会的财富分配方式，资本家利用其对物质生产资料的占有而占有工人所创造的剩余价值，也就是理所应当的了。结果，在面对社会和经济的不平等、剥削、失业、社会异化和帝国主义战争等等问题的时候，它就只有去责备一个坏老板、一个邪恶的总统等等具体的个人或人类的这种本性了。由此看来，资产阶级意识形态所抽象的概括层次显现的只是一种抽象的“人性”，并试图以此来解释当代资本主义社会中的各种矛盾和问题，而掩盖了其资本主义性质：“资本的本性”即“资本性”。

二 “资本主义的概括层次”凸显具体的“资本性”

奥尔曼指出：“为了理解任何具体问题，有必要抽象一

① ［美］奥尔曼：《辩证法的舞蹈——马克思方法的步骤》，田世锭、何霜梅译，高等教育出版社2006年版，第115页。

个能够将决定这个问题的主要属性放到中心的概括层次。”[①]在他看来，正因为马克思主要关注的是资本主义，是资本主义时代的变化和相互作用，即马克思试图发现资本主义是什么、它是如何运行的，以及它是如何产生的、它正走向何处，所以，马克思所抽象的最主要的概括层次就是资本主义本身的层次。像“资本”、“价值”、“商品”、“劳动”和“工人阶级”这样的抽象，不管它们的范围如何，它们都处在资本主义的概括层次上，都显示了这些人、活动和结果作为资本主义的一部分所具有的性质；前资本主义和后资本主义的发展，也都是作为这些资本主义性质的起源和可能的未来而在资本主义的层次上进行分析的。鉴于奥尔曼的主要关注点是当代资本主义，他试图揭示当代资本主义是什么、它是如何运行的，以及它是如何产生的、它正走向何处，而当代资本主义又毕竟属于资本主义，与资本主义本身在本质上是完全相同的，所以，奥尔曼所抽象的最主要的概括层次仍然是资本主义本身的层次，他同样主要是在资本主义的层次上来研究和分析当代资本主义的。而且，正是在独特的“资本主义的概括层次”上分析和认识当代资本主义，奥尔曼凸显了当代资本主义“资本的本性”即“资本性”。

例如，在资本主义本身这一独特的概括层次上分析和认识当代资本主义，奥尔曼充分认识到，当代资本主义中的人仍然可以而且必须被划分为资本家与工人或资产阶级与无产阶级两部分。在谈到当今美国的无产阶级现状时，

① ［美］奥尔曼：《辩证法的舞蹈——马克思方法的步骤》，田世锭、何霜梅译，高等教育出版社 2006 年版，第 113 页。

他特别提出，有一种观点，认为现在的工人阶级比马克思时代要小，甚至当今已经没有工人阶级了。他认为，从受剥削的程度来看，在美国的工人确实不如其他国家的工人，但如果将"工人"看成是一无所有，只能出卖自己劳动力的人，而工作地点、时间、方式、失业等等一切都由老板说了算的话，那么，说美国和欧洲的工人比马克思的时代要少就是不正确的。相反，现在的工人比马克思的时代还要更多，这是因为，在马克思时代不是工人的人，现在都是工人了。比如，在马克思时代存在着许多农民，而在当今美国，只有占2%的人是农民；在马克思时代，工程师、医生等等是为自己工作的，而现在这些人都在公司、医院为老板工作，虽然他们收入很高，且自认为是专业人员，不是工人，但决定人们是否是工人的根据是他们在工作中的地位和作用，因此，这些人也是工人，不论他们是否自认为是工人，他的利益是与工人相同的。奥尔曼还特别举例说，有一位的士司机说，他以前是加州一公司的高级人员，有房子，有游泳池，所以不认为自己是工人，后来，他失业了，房子和游泳池都没有了，不得不到纽约开出租车，于是认识到自己毕竟是个工人，应该加入工会。奥尔曼以此想要说明的是，虽然有些人收入高，不认为自己是工人，但是，一旦他们失业了，他们就会恍然觉悟自己只是工人。况且，即便他们不自认为工人，他们的老板始终会认为他们是工人。[①] 由此可见，奥尔曼在资

① 参见《美奥尔曼教授在中国谈马克思主义》，http：//www. weiweikl. com/GYZC49. htm.

本主义的概括层次上分析和认识当代资本主义，充分揭示出，当代资本主义，无论它的发展程度有多高，它毕竟还是资本主义。所以，在这样的社会里，依靠出卖自己的劳动力为生的绝大多数人，无论他们眼下的收入有多高，他们毕竟只是资本家的雇佣工人。而这正是当代资本主义“资本性”的主要表现之一，因为正如马克思所指出的：“只要雇佣工人仍然是雇佣工人，他的命运就取决于资本。”①

再如，在资本主义的概括层次上，奥尔曼充分认识到现实中存在的许多问题，如社会和经济的不平等、剥削、失业、社会异化和帝国主义战争等等，在很大程度上都是由与资本主义社会有关的条件引起的。也就是说，这些问题实际上都是由资本主义造成的，是资本主义“资本的本性”即“资本性”的反映。比如，尽管“剥削”偶尔也被用来指所有阶级社会中存在的对剩余——剩余一般——的榨取，但作为资本家对工人剩余价值的榨取，它却是资本主义所特有的一种压迫形式；虽然在其他阶级社会中因为“劳动分工”和“私有财产”等等也存在“异化”，但异化“达到极点”却是在资本主义社会之中。而上述这样的问题在当代资本主义中相当严重。比如，过去最繁荣的国家在 2002 年的失业率已高达 10%，且形势还在恶化②；当代资本主义中的人遭到了严重的“人性贫困”式的异化，

① 《马克思恩格斯选集》第 1 卷，人民出版社 1995 年版，第 349 页。

② 《美奥尔曼教授在中国谈马克思主义》，http://www.weiweikl.com/GYZC49.htm.

因为在马克思的时代，工人还对自己如何被剥削有所了解，但当代资本主义中的工人对此却根本不了解；当代资本主义中的人们"在背负着商品"，他们"一天到晚想着钱"，"想尽方法要多购买商品"，这正如19世纪某位诗人所说的，现在事物在马鞍上，而人在马鞍下，现在在马鞍上的是商品等，在马鞍下的是人[①]。在当今最发达的资本主义国家——美国，失业工人也是越来越多，贫富差别也相当严重，已经成为世界上最贫困的地区之一[②]；美国对十几岁的女孩所做的调查显示，她们"最高兴的事"竟然也是"购物"，这表明，当代的美国人比其他国家的人"更缺少人性"，遭到的"人性贫困"式的异化更为严重；从"人类了解自身"来说，当代资本主义与马克思时代相比是越来越贫困了，而美国的工人对此竟是毫无所知，这也表明，美国的工人比其他国家的工人有更多的异化。[③] 奥尔曼还强调指出，不仅美国国内有贫穷、异化、压迫等等，而且，我们还"应看到美国国内情况与它的侵略性外交政策（如对伊拉克）之间有着必然的关系。这些政策不是政治家单独决定的，而是由美国资本主义性质的社会所决定的"[④]。这些由资本主义性质决定和引起的严重问题在

① 参见《美奥尔曼教授在中国谈马克思主义》，http：//www. weiweikl. com/GYZC49. htm.

② 参见孙援朝《美国奥尔曼教授认为当今西方资本主义正在走向崩溃》，《国外理论动态》1995年第1期，第5—7页。

③ 参见《美奥尔曼教授在中国谈马克思主义》，http：//www. weiweikl. com/GYZC49. htm.

④ 《美奥尔曼教授在中国谈马克思主义》，http：//www. weiweikl. com/GYZC49. htm.

当代资本主义社会中的存在本身也充分反映了当代资本主义的“资本性”。

又如，正如马克思所指出的，正因为“从资本的本性中产生出来的资本的各种生产条件是互相矛盾的”，所以“在资本主义生产条件下，一切看来都是对抗的，而事实上也是这样”，以至于资本主义充满了各种错综复杂的矛盾①，而且，与其他社会相比，“资本主义尤其充满了矛盾”②。简而言之，正是“资本的本性”即“资本性”造成了资本主义中各种错综复杂的矛盾，并使资本主义相比其他社会“尤其充满了矛盾”。按照这样的逻辑，只要揭示出当代资本主义社会仍然“尤其充满了矛盾”，那么，反过来也就印证了当代资本主义不变的“资本性”。而在资本主义的概括层次上，奥尔曼确实揭示了当代资本主义依然充斥着各种错综复杂的矛盾：使用价值与交换价值的矛盾、生产过程中资本与劳动的矛盾、阶级斗争中资产阶级与工人的矛盾、资本主义生产力与资本主义生产关系的矛盾、竞争与合作的矛盾、科学与意识形态的矛盾、政治民主与经济奴役的矛盾以及社会生产与私人占有的矛盾等等。不仅如此，奥尔曼还进一步揭示出，这样的矛盾还将随着当代资本主义本身所取得的成就的增大而日益严重。比如，当代资本主义在促进生产力的发展方面成就是显著的，但由于资本家获取尽可能多的剩余价值的目的使其在

---

① 《马克思恩格斯全集》第46卷下，人民出版社1980年版，第43页；[德] 马克思：《剩余价值理论》第1册，人民出版社1975年版，第219页。

② [美] 奥尔曼：《辩证法的舞蹈——马克思方法的步骤》，田世锭、何霜梅译，高等教育出版社2006年版，第122页。

发展生产时总处在悖论之中：一方面，他要尽可能提高劳动生产率，生产尽可能多的商品；另一方面，他要尽可能地缩短雇佣工人的必要劳动时间，降低劳动力的价值，从而减少雇佣工人的工资。一方面，他为了尽可能提高劳动生产率，生产尽可能多的商品，就要尽可能提高生产的技术水平，使得当代资本主义生产的自动化程度越来越高；另一方面，随着自动化程度的日益提高，资本的有机构成也在日益提高，造成更为严重的“机器吃人”后果，使得更多的人加入了“产业后备军”。这就必然造成一种日益恶化的矛盾：一方面，生产的商品越来越多，另一方面，占人口绝大多数的工人的购买力却在日益相对地缩小。这使当代资本主义不仅不能摆脱周期性相对过剩的经济危机，而且这种危机会更加严重，只是表现形式有所不同罢了。这恰如马克思所说的，“生产力愈发展”，资本主义生产关系所固有的“使用价值和交换价值、商品和货币、买和卖、生产和消费、资本和雇佣劳动等等之间的矛盾就愈扩大”①。总之，一句话，既然当代资本主义中的一切仍然在事实上是相互对抗的，那就表明当代资本主义“资本的本性”即“资本性”依然如故。

既然如上所述当代资本主义中资本家与工人的对立、各种各样的问题、各种各样的矛盾等等都是由于其“资本的本性”即“资本性”使然，或者说，既然具有“资本的本性”即“资本性”的当代资本主义是“对其内部所发生

① ［德］马克思：《剩余价值理论》第3册，人民出版社1975年版，第55页。

的一切的惟一充分的解释”[①]，那么，如果只是从抽象的“人性”出发，因这些矛盾和问题而去指责某个具体的个人，比如，一个坏老板、一个邪恶的总统，等等，那就不可能从根本上解决这些矛盾和问题，因为，正如马克思所说的“资本家只是人格化的资本”[②]、“资本家不过是这个社会机制中的一个主动轮罢了”[③] 那样，这些人同样只是“人格化的资本”、“社会机制中的一个主动轮”而已。相反，正如马克思曾经表明的，“时间是人类发展的空间。一个人如果没有自己处置的自由时间，一生中除睡眠饮食等纯生理上必需的间断以外，都是替资本家服务，那么，他就还不如一头载重的牲畜。他不过是一架为别人生产财富的机器，身体垮了，心智也犷野了。现代工业的全部历史还表明，如果不对资本加以限制，它就会不顾一切和毫不留情地把整个工人阶级投入这种极端退化的境地”[④]，要想使工人得到彻底解放，不再沦落为雇佣工人；要想彻底解决诸如不平等、剥削、失业、社会异化和帝国主义战争等等问题；要想彻底解决诸如使用价值与交换价值的矛盾、资本主义生产力与资本主义生产关系的矛盾、竞争与合作的矛盾、科学与意识形态的矛盾、社会生产与私人占有的矛盾等等，一句话，要想不被“抛到资本的札格纳特

---

① ［美］奥尔曼：《辩证法的舞蹈——马克思方法的步骤》，田世锭、何霜梅译，高等教育出版社 2006 年版，第 193 页。

② ［德］马克思：《资本论》第 3 卷，人民出版社 1975 年版，第 925 页。

③ 《马克思恩格斯选集》第 2 卷，人民出版社 1995 年版，第 240 页。

④ 同上书，第 90 页。

车轮下”[①]，只有一种办法，那就是彻底消灭社会的资本主义性质，消灭其“资本的本性”，也就是要废除资本主义。

同时还必须指出，奥尔曼在充分认识到当代资本主义“资本的本性”即“资本性”的同时，也认识到当代资本主义中还存在着其他一些与阶级社会联系在一起的压迫。他认为，虽然这些压迫同样具有与它们在作为阶级社会一种具体形式的资本主义中的地位和作用有关的独特资本主义形式和强度，但这些压迫的根源在于阶级社会本身，因此，资本主义的废除不会废除这些压迫中的任何一种，而只是废除了它们的资本主义形式。他指出，要“彻底消灭所有形式的种族主义、父权制、民族主义等等，只有在阶级社会本身被废除，尤其是脑力劳动与体力劳动的分离终结时才可能发生”，而“这是一种马克思相信只能随着完美的共产主义的到来才能发生的世界历史性的变化”[②]。

第三节　角度的抽象

奥尔曼说：“随着每一个新角度的选取，对象中的许多重要差别、部分间不同的序列，以及重要东西的不同意义就都可以被观察到。”[③] 可见，在奥尔曼看来，选择角度

① 《马克思恩格斯选集》第2卷，人民出版社1995年版，第259页。

② ［美］奥尔曼：《辩证法的舞蹈——马克思方法的步骤》，田世锭、何霜梅译，高等教育出版社2006年版，第117页。

③ 同上书，第93页。

对于认识具体事物具有十分重要的意义。换句话说，要想正确认识某一具体事物，必须首先选取恰当的角度；否则，对象中的“许多重要差别”、“部分间不同的序列”以及“重要东西的不同意义”等等，就都无法被观察到，因而也就无法准确观察和审视这个事物。例如，事物发展中量变转化为质变的过程就并非从其中的每个时刻来看都是同样清晰甚或可见的，而只有将量变的结束与质变的开始连接起来的那个时刻才是认识这一过程的最好角度，只有从这个角度来审视，才能最清楚地看到这种变化来自哪里，以及使其发生的这一过程正走向哪里。

就分析和认识当代资本主义而言，“每个阶级生活和工作的环境为它的成员提供了一系列独特的经历和一种独特的视角。因为他们独特的视角，所以，甚至是被属于对立阶级的人所分享的很少的经历，也不仅是按非常不同的方式被理解的，而且实际上是按非常不同的方式被认识到的”①。由此，无产阶级与资产阶级在认识当代资本主义时就各有其独特的角度。如此看来，事实上，由于“资产阶级从一开始就有一个本身是封建时期无产阶级残存物的无产阶级相伴随。资产阶级在其历史发展过程中不可避免地要发展它的对抗性质，起初这种性质或多或少是掩饰起来的，只是处于隐蔽状态。随着资产阶级的发展，在它的内部发展着一个新的无产阶级，即现代无产阶级”，也就是说，无产阶级从一开始就是作为资产阶级的否定方面，坏

---

① ［美］奥尔曼：《辩证法的舞蹈——马克思方法的步骤》，田世锭、何霜梅译，高等教育出版社 2006 年版，第 127 页。

的方面，作为“能够推翻旧社会的革命的破坏的一面”[①]而存在的，所以，无产阶级与资产阶级认识当代资本主义的角度甚至就是截然相反的。

一　“资产阶级的角度”反映的只是虚假的“人民性”

奥尔曼认为，“忽略了正确理解被包含的东西所必要的过程和关系中的一些部分”的太狭窄的范围抽象，是导致资产阶级意识形态的第一种原因；“将我们需要理解的性质所属的主要层次排出了中心”的不适当的概括层次抽象是导致资产阶级意识形态的第二种原因；而不恰当的角度抽象是导致资产阶级意识形态的第三种原因。这说明，在他看来，资产阶级的角度是“不恰当的”。在资产阶级认识社会的“不恰当的”角度中，重要的有以下一些：孤立的个人、任何状况的主观方面（被相信的、被希望的、被打算的等等）、几乎任何过程的结果、任何与市场有关的事物，以及所有属于第五个概括层次的东西，尤其是人性。具体来说，首先，马克思早就明确地指出过：“在社会中进行生产的个人，——因而，这些个人的一定社会性质的生产，当然是出发点，被斯密和李嘉图当作出发点的单个的孤立的猎人和渔夫，属于18世纪的缺乏想象力的虚构”；“我们越往前追溯历史，个人，从而也是进行生产

---

① 《马克思恩格斯选集》第1卷，人民出版社1995年版，第153、155页；另参见商英伟等《马克思主义辩证法史》，吉林人民出版社1987年版，第57页。

的个人，就越表现为不独立，从属于一个较大的整体……人是最名副其实的政治动物，不仅是一种合群的动物，而且是只有在社会中才能独立的动物。孤立的个人在社会之外进行生产——这是罕见的事，在已经内在地具有社会力量的文明人偶然落到荒野时，可能会发生这种事情——就像许多个人不在一起生活和彼此交谈而竟有语言发展一样，是不可思议的”，马克思还对费尔巴哈关于“一种抽象的——孤立的——人的个体”的假定提出了明确的批评[①]。这说明，我们考察社会的角度不应该是孤立的个人，而应该是处在各种社会关系之中的个人。但与此相反，“孤立的个人，即脱离自然和社会条件的人，不仅是资产阶级意识形态首选的，在其中论述人的范围抽象，还充当了其研究社会的首选角度”。于是，在资产阶级看来，“社会变成了从这个角度考察时社会关系表面上呈现的那个样子……社会本身就是孤立地活动着的许多个人在没有强大社会压力或重要实质性限制时，使社会成为的东西”[②]。其次，恩格斯曾经指出：“一个伟大的基本思想，即认为世界不是既成事物的集合体，而是过程的集合体。”[③] 这说明，我们在考察社会的时候，应该重视过程，而不应该只重结果却忽视过程。然而，“在资产阶级意识形态中得到充分阐述的另一个角度的集合是各种社会过程的结果，特

---

① 《马克思恩格斯选集》第 2 卷，人民出版社 1995 年版，第 1—2 页；《马克思恩格斯选集》第 1 卷，人民出版社 1995 年版，第 56 页。

② ［美］奥尔曼：《辩证法的舞蹈——马克思方法的步骤》，田世锭、何霜梅译，高等教育出版社 2006 年版，第 130 页。

③ 《马克思恩格斯选集》第 4 卷，人民出版社 1995 年版，第 244 页。

别是在市场上被发现的那些。由于已经在范围上被狭窄地抽象成了成品，所以，这些结果得以形成的过程就再也看不见了"[①]。简而言之，各种社会过程的结果，恰恰是资产阶级考察社会的又一个重要的角度。这是因为，资本家的生活和工作使他们倾向于在"价格"、"竞争"、"利润"，以及其他从市场中引出的抽象的帮助下来开始认识他们的状况。最后，马克思指出：我们的考察前提是"一些现实的个人"，这样的"个人是什么样的，这取决于他们进行生产的物质条件"；"人的本质不是单个人所固有的抽象物，在其现实性上，它是一切社会关系的总和"[②]。这说明，我们考察社会的时候由以出发的人不应该是超然于特定社会条件的抽象的个人和抽象的人性，而应该是在特定社会条件下进行实践活动的具体的个人和具体的人性。然而，"在孤立的个人中存在的某种如同施蒂纳的'我'的东西，成了资本主义社会中思考人的本质的标准方式"[③]，这使"那些被当作人类社会一部分的东西，即整个第五层次，特别是人性本身，或者更确切地说，是被当作人性的东西"恰恰成了资产阶级在考察社会时"大量使用"的角度[④]。

---

① ［美］奥尔曼：《辩证法的舞蹈——马克思方法的步骤》，田世锭、何霜梅译，高等教育出版社 2006 年版，第 131 页。

② 《马克思恩格斯选集》第 1 卷，人民出版社 1995 年版，第 67—68、56 页。

③ ［美］奥尔曼：《辩证法的舞蹈——马克思方法的步骤》，田世锭、何霜梅译，高等教育出版社 2006 年版，第 94 页。

④ 同上书，第 131 页。

由于资产阶级抽象的角度是“不恰当的”，加之在需要从几个或更多角度来研究一种现象或事物的时候，资产阶级还是只从一个角度（无论这个角度是如何的至关重要）来研究它，并且始终不知道仅仅从这一个角度来认识所带来的局限，所以，从资产阶级的角度是不可能正确认识当代资本主义的。例如，以结果为角度，主要是生产活动结果的东西就似乎成了生产活动的原因，正如“消费者主权”理论所主张的那样，似乎决定生产什么的是市场需求。而马克思早已明确指出：“决不应当忘记，这种剩余价值的生产——剩余价值的一部分再转化为资本，或积累，也是这种剩余价值生产的不可缺少的部分——是资本主义生产的直接目的和决定性动机。因此，决不能把这种生产描写成它本来不是的那个东西，就是说，描写成以消费或者以替资本家生产消费品为直接目的的生产。如果这样，就完全看不到这种生产在其整个内在本质上表现出来的特有性质。”[①] 因此，奥尔曼认为，像那样“不是将劳动放在直线的开端而是放在靠近末尾的地方，试图在这样的视域内认识资本主义是如何运行的，就完全颠倒了资本主义的运行状态”[②]，使得其中的“一切总是表现为颠倒的、头足倒置的”[③]。于是，资本仅仅是生产资料；商品是被买卖的任何物品；利润是资本家获得的某种东西；市场本身

---

① 《马克思恩格斯选集》第2卷，人民出版社1995年版，第460页。

② ［美］奥尔曼：《辩证法的舞蹈——马克思方法的步骤》，田世锭、何霜梅译，高等教育出版社2006年版，第128页。

③ ［德］马克思：《剩余价值理论》第2册，人民出版社1975年版，第241页。

是买卖双方直接交易的、遵循它自己特有的社会规律的商品和服务的交换，而“当被用作考察资本主义制度的角度时，这些死的构件块只能构建一座死的建筑，一个不变的系统，它在历史的某一点上的产生与它最终的灭亡一样是一个谜”[①]。这样，当代资本主义在过去的产生以及在未来的灭亡也都成了一个“谜”。在奥尔曼看来，“全球化”是当今以结果为角度而忽视过程的又一个非常典型的例子。“全球化”是用来代替资本主义的一个词，它强调的是事物发生的地点，是市场和交换，生产被隐瞒掉了，在生产中最明显的阶级关系和很尖锐的阶级冲突也被隐瞒掉了；它强调的是近期的情况，而不强调从资本主义一开始就存在的经济结构，但如果不去理解几百年前存在的资本主义与现在的资本主义的关系，就掌握不了现在的资本主义。所以全球化将历史割裂了，割裂了未来与历史的关系，它“不但隐瞒了过去，也隐瞒了未来。也隐瞒了社会主义的可能性”[②]。再如，从整个第五层次的角度出发，“其最重要的性质属于第一到第四层次的现象失去了它们的历史的特征，并被弄得与介绍它们的绝对抽象一样显而易见和不可避免”[③]。按照这种方式，从关于生产的第五层次的观念角度来研究资本主义的分配，就会使现行的资本主义财富

---

① ［美］奥尔曼：《辩证法的舞蹈——马克思方法的步骤》，田世锭、何霜梅译，高等教育出版社 2006 年版，第 131 页。

② 参见《美奥尔曼教授在中国谈马克思主义》，http：//www. weiweikl. com/GYZC49. htm.

③ ［美］奥尔曼：《辩证法的舞蹈——马克思方法的步骤》，田世锭、何霜梅译，高等教育出版社 2006 年版，第 131 页。

分配方式显得同样“自然而然”。又如，他们反复从相同的一个或几个角度来研究当代资本主义，并且，不仅将由此导致的片面观点当成了正确的、自然的，而且还在实际上将其当成了惟一可能的观点。然而，根据马克思的观点，“片面的”实际上就是“错误的”[①]。总之，按照奥尔曼的观点，由于资产阶级的角度“要么掩饰，要么严重歪曲了属于与我们有关的具体问题的关系和运动。我们需要或想要知道的每件事，不能以同样的明确性从每个可能的角度显现出来，或者根本不能显现出来”[②]，所以，从资产阶级的角度来认识当代资本主义，就会“要么掩饰要么歪曲了资本主义的本质特征”[③]。

那么，资产阶级为什么要抽象这种“要么掩饰要么歪曲了资本主义的本质特征”的角度呢？归根结底，就是要掩饰或歪曲当代资本主义的“阶级性”。列宁说：“所谓阶级，就是这样一些大的集团，这些集团在历史上一定的社会生产体系中所处的地位不同，同生产资料的关系（这种关系大部分是在法律上明文规定了的）不同，在社会劳动组织中所起的作用不同，因而取得归自已支配的那份社会财富的方式和多寡也不同。所谓阶级，就是这样一些集团，由于它们在一定社会经济结构中所处的地位不同，其

① 参见［德］马克思《剩余价值理论》第 2 册，人民出版社 1975 年版，第 537 页。

② ［美］奥尔曼：《辩证法的舞蹈——马克思方法的步骤》，田世锭、何霜梅译，高等教育出版社 2006 年版，第 129 页。

③ 同上书，第 130 页。

中一个集团能够占有另一个集团的劳动。"[①] 虽然马克思没有给"阶级"以明确的定义，但他同样明确地指出过，"阶级对立是建立在经济基础上的，是建立在迄今为止存在的物质生产方式和由这种方式所决定的交换关系上的"[②]。很明显，无论是"阶级"本身，还是不同阶级之间的"对立"，都是在社会的生产方式中形成的，而且，单个的人是不能成为一个"阶级"的，因为，凡是"阶级"都是"大的集团"。然而，我们可以发现，在资产阶级最为热衷的角度所确立的视域中，上述这些关键之处都被掩盖了。例如，从"孤立的个人"角度看，当代资本主义社会中生活的都是一个个与其他人毫无关系的"完全不同"的人，在这里，无所谓什么"集团"，也就无所谓什么"阶级"；从"价格"、"利润"这样的"结果"角度来看，以及从强调市场和交换却隐瞒生产的"全球化"角度来看，当代资本主义这种仍然是以资本剥削雇佣劳动为基础的"生产方式"被忽略了，究竟"是什么形成了价格和利润"这样的"过程"被完全掩盖了，而一旦资本主义生产中的劳动过程和价值增值过程被掩盖起来了，出卖劳动力的工人在劳动过程中创造剩余价值的秘密也就被很好地掩盖起来了，"在生产中最明显的阶级关系和很尖锐的阶级冲突也被隐瞒掉了"，于是，也就无所谓什么"一个集团能够占有另一个集团的劳动"了，哪怕还讲什么阶级，但由于"不知道这些阶级所依据的因素，如雇佣劳动、资本

---

① 《列宁选集》第 4 卷，人民出版社 1995 年版，第 11 页。

② 《马克思恩格斯全集》第 5 卷，人民出版社 1958 年版，第 533 页。

等等，阶级又是一句空话”[1]；抽象的“人性”中更无法透出什么“阶级性”来。而一旦“阶级性”被掩盖起来，被反映出来的就只是一种虚假的“人民性”了。可以说，当今所谓“人民的资本主义”正是对这种虚假性的真实写照。

二 “无产阶级的角度”彰显真实的“阶级性”

在奥尔曼看来，无产阶级与资产阶级相比，“情况正好相反”[2]。鉴于构成工人生活的东西，无产阶级用以开始认识其社会的抽象可能包括“劳动”、“工厂”和“机器”，尤其是“劳动”，把主要决定“社会变化”的活动放到了工人思想的重要地位和中心。而“在由这种抽象确立的视域内，发生于资本主义中的东西多数被排列成了这种活动的必要条件和结果的一部分。对于认识现状——既作为过去状况的结果，又作为即将形成的状况的起源——没有比这更具启发性的角度了”[3]。也就是说，无产阶级的独特角度，将主要决定当代资本主义“发展和变化”的“生产劳动”放到了中心，而当代资本主义社会中的其他东西基本上都是这种活动的“必要条件和结果”。这样，当代资本主义社会中的“许多重要差别”、“部分间不同的序列”以

① 《马克思恩格斯选集》第2卷，人民出版社1995年版，第18页。

② ［美］奥尔曼：《辩证法的舞蹈——马克思方法的步骤》，田世锭、何霜梅译，高等教育出版社2006年版，第128页。

③ 同上。

及“重要东西的不同意义”等等就都能够被观察到并被加以恰当的认识了。恩格斯指出：“世界不是既成事物的集合体，而是过程的集合体。”[①] 可见，“马克思所说的《资本论》中的辩证法，是指由商品的二重性这一内在矛盾引起的资本主义从产生、发展到走向灭亡的历史过程，是过程辩证法。……实践唯物主义把自然界和人本身以及人类社会，作为以实践为动力由低级到高级直到共产主义实现了人与人、人与自然的和解的辩证发展过程来描述，是马克思辩证法思想的集中体现”[②]。而从上面的叙述中可以看出，无产阶级的角度正是要将当代资本主义当作发展和变化的过程来认识，因此它们是正确分析和认识处于人类社会发展过程之中、“既作为过去状况的结果，又作为即将形成的状况的起源”的当代资本主义的最好角度。从这个角度出发，人们就不仅能够正确分析和认识当代资本主义的“现状”，而且能够正确分析和揭示当代资本主义的“过去状况”以及“即将形成的状况”，即当代资本主义的过去与未来。更为重要的是，由于无产阶级的角度将“生产劳动”放到了中心，在这个视域中，资本主义生产方式就被凸显了出来，资本对雇佣劳动的剥削就被揭示了出来，这是因为将“生产劳动”放到了中心，就意味着将资本主义的生产过程凸显了出来，而“把资本主义生产过程联系起来考察，或作为再生产过程来考察”，就可以明显

① 《马克思恩格斯选集》第4卷，人民出版社1995年版，第244页。

② 安启念：《新编马克思主义哲学发展史》，中国人民大学出版社2004年版，第52页。

地揭示出，“它不仅生产商品，不仅生产剩余价值，而且还生产和再生产资本关系本身：一方面是资本家，另一方面是雇佣工人”[①]；“一离开这个简单流通领域或商品交换领域”而进入生产领域，“就会看到，我们的剧中人的面貌已经起了某些变化。原来的货币占有者作为资本家，昂首前行；劳动力占有者作为他的工人，尾随于后。一个笑容满面，雄心勃勃；一个战战兢兢，畏缩不前，像在市场上出卖了自己的皮一样，只有一个前途——让人家来鞣”[②]。于是当代资本主义社会中的所有人就能够而且必须按照“资本剥削雇佣劳动”的标准分为两个“大的集团”，而且“其中一个集团能够占有另一个集团的劳动”。

另外，从“无产阶级的角度”看未来的社会主义社会，可以发现，它仍然是一个“无产阶级专政”的社会，这是因为无产阶级专政“是达到消灭一切阶级差别，达到消灭这些差别所由产生的一切生产关系，达到消灭和这些生产关系相适应的一切社会关系，达到改变由这些社会关系产生出来的一切观念的必然的过渡阶段”[③]。这就明确地体现了社会主义社会的阶级性。社会主义社会尚且具有自己的“阶级性”，当代资本主义社会岂能没有它自己的“阶级性”？所以，以社会主义社会的“阶级性”来衡量当代资本主义社会，就可以更加充分地认识到它仍然只是一个“资产阶级专政”的社会。而“资产阶级专政不过是资

---

① 《马克思恩格斯选集》第 1 卷，人民出版社 1995 年版，第 232—233 页。

② 《马克思恩格斯选集》第 2 卷，人民出版社 1995 年版，第 176 页。

③ 《马克思恩格斯选集》第 1 卷，人民出版社 1995 年版，第 462 页。

产阶级用以保护它的根本利益的暴力工具。资本主义社会在经济上占统治地位的资产阶级，借助资产阶级专政，在政治上也居于统治地位，从而获得压迫无产阶级和其他劳动人民的新手段。资产阶级专政建立在资本主义生产关系这一经济基础之上，是资本主义社会上层建筑的核心，是为巩固和发展资本主义生产关系服务的"①。

至此，当代资本主义社会虚假的"人民性"被戳穿了，而昭然若揭的则是其真实的"阶级性"。也就是说，当代资本主义社会仍然是一个资产阶级剥削和统治无产阶级的阶级社会，仍然是一个"资产阶级专政"的社会。现在，我们就能够像马克思一样理解，"为什么资本家在他们的竞争中表现出彼此都是虚伪的兄弟，但面对着整个工人阶级却结成真正的共济会团体"② 了。这也充分说明，"为了'抵御'折磨他们的毒蛇，工人必须把他们的头聚在一起，作为一个阶级"③ 来行动。

马克思指出："只有在没有阶级和阶级对抗的情况下，社会进化将不再是政治革命。而在这以前，在每一次社会全盘改造的前夜，社会科学的结论总是：'不是战斗，就是死亡；不是血战，就是毁灭。问题的提法必然如此。'""被压迫阶级的存在就是每一个以阶级对抗为基础的社会的必要条件。因此，被压迫阶级的解放必然意味着新社会的建立。要使被压迫阶级能够解放自己，就必须使既得的

---

① 《资产阶级专政》，http：//myy. cass. cn/file/200512198469. html.

② 《马克思恩格斯选集》第 1 卷，人民出版社 1995 年版，第 448 页。

③ 《马克思恩格斯选集》第 2 卷，人民出版社 1995 年版，第 200 页。

生产力和现存的社会关系不再能够继续并存”[①]。因此，既然从“无产阶级的角度”来审视当代资本主义，可以看到它仍然只是一个“资产阶级专政”的社会，那么，无产阶级就仍然只有首先通过“政治革命”来推翻资本主义，并建立无产阶级的专政，才能解放全人类并因此解放他自己。有鉴于此，奥尔曼认为，强调“无论当代资本主义国家标榜自己有什么样的民主权利，它们仍然只是资产阶级的专政”这一点，是警示人们反对改良主义政治危险的最有效的方法，人们不应该对这一主张感到奇怪。他还特别指出，在法国共产党和其他共产党从他们的纲领中将涉及“无产阶级专政”的内容删除时，他们实际上蒙受了理论上的损失。奥尔曼表示，虽然对于当今的无产阶级是否还会具有“共同推翻资本主义的阶级意识”这个问题，许多人持悲观态度，认为革命没有可能性，丧失了对无产阶级的信心，但他本人仍然相信无产阶级仍可能有这种意识。虽然奥尔曼也认为，并非全部的无产阶级都会有这种阶级意识，而只有其中的一部分持有这种意识，但他还是肯定地说：“我并没有失去对工人阶级的信任和对革命的希望。”[②]

我国学者周勇胜教授等正确地指出：“阶级分析方法是辩证法在阶级社会里具体运用的根本方法。马克思正是运用这个科学方法，因而在各阶级和各党派变幻不已的斗

---

① 《马克思恩格斯选集》第 1 卷，人民出版社 1995 年版，第 195、194 页。

② 参见杨金海《美国奥尔曼教授谈异化问题》，《国外理论动态》1995 年第 7 期，第 49—54 页。

争中，能够揭露一切掩盖阶级斗争的假象，洞察各阶级和政党的本来面目，正确把握时代的本质，生动而正确地描绘这个时代特有的面貌。”① 可以说，在当今有许多人试图否认和抛弃阶级分析方法，从而不能揭露当代资本主义的假象、洞察其本来面目的时候，奥尔曼正是运用了马克思主义“阶级分析方法”这一“辩证法在阶级社会里具体运用的根本方法”，才能够从“无产阶级的角度”审视和把握住当代资本主义的阶级本性。

① 商英伟等：《马克思主义辩证法史》，吉林人民出版社 1987 年版，第 82 页。

第三章

在“逆向研究”中把握当代资本主义的发展脉络

奥尔曼反复强调说，马克思主义辩证法的关注点是资本主义社会，“从一开始就强调马克思主要关注的是资本主义非常重要。马克思试图发现资本主义是什么、它是如何运行的，以及它是如何产生的、它正走向何处”①。列宁也说过：马克思“公开认为自己的任务就是揭露现代社会（指资本主义社会——引者注）的一切对抗和剥削形式，考察它们的演变，证明它们的暂时性和转变为另一种形式的必然性”②。可见，揭示资本主义的历史命运是马克思最为根本的任务，是马克思主义的核心。正是在解决这个根本任务和核心问题的过程中，马克思得出了著名的“两个必然”③ 的结论。我国学者周仲秋教授甚为恰切地指出：

---

① ［美］奥尔曼：《辩证法的舞蹈——马克思方法的步骤》，田世锭、何霜梅译，高等教育出版社 2006 年版，第 77 页。

② 《列宁选集》第 1 卷，人民出版社 1995 年版，第 83 页。

③ “资产阶级的灭亡和无产阶级的胜利同样是不可避免的。”（《马克思恩格斯选集》第 1 卷，人民出版社 1995 年版，第 284 页。）

“实际上，‘两个必然’论在马克思社会主义观中居核心地位。”① 而正如我们在前面已经指出的，奥尔曼同样绝不是为研究辩证法而研究辩证法的，他研究马克思主义辩证法的根本目的即在于，循着马克思的路径揭示当代资本主义的历史命运。正是抱着这种目的，奥尔曼运用马克思主义“内在关系的辩证法”中“逆向研究历史”的方法探究了当代资本主义的起源和走向，在这种“逆向研究”中把握住了当代资本主义的发展脉络，揭示了当代资本主义仍然必将被社会主义和共产主义所取代的历史命运，再次论证了马克思的“两个必然”论。应该说，这是奥尔曼运用“逆向研究历史”的方法，继续在“内在关系”和“抽象”中构建的关于当代资本主义更加完整的“精神上的具体”。

第一节　揭示当代资本主义的起源与走向有赖于“逆向研究”

根据马克思的观点，“我们称为资本主义生产的是这样一种社会生产方式，在这种生产方式下，生产过程从属于资本，或者说，这种生产方式以资本和雇佣劳动的关系为基础，而且这种关系是起决定作用的、占支配地位的生产方式”；“资本主义生产——实质上就是剩余价值的生

① 周仲秋：《马克思的社会主义观》，湖南师范大学出版社 2002 年版，第 72 页。

产”[①]。所以说，资本主义就是资本剥削雇佣劳动，攫取剩余价值的制度，而资本主义社会则是资本家与无产阶级对立的社会[②]。根据上面奥尔曼在“抽象”中对当代资本主义本质的揭示，我们可以很清楚地看出，当代资本主义仍然是这样一种社会。因为，按照马克思的观点，资本产生和存在的前提是劳动力成为商品，所以，当代资本主义的“资本的本性”即“资本性”就表明了，当代资本主义仍然是以资本剥削雇佣劳动以攫取剩余价值为基础的；它的“阶级性”表明了资产阶级与无产阶级的对立；而它的“暂时性”则表明这样的社会只是人类历史上的一个阶段而已。一句话，当代资本主义社会仍然是一个资本剥削雇佣劳动的社会。

恩格斯曾经指出：“一切社会变迁和政治变革的终极原因，不应当到人们的头脑中，到人们对永恒的真理和正义的日益增进的认识中去寻找，而应当到生产方式和交换方式的变更中去寻找；不应当到有关时代的哲学中去寻找，而应当到有关时代的经济中去寻找。”[③] 奥尔曼正是在当代资本主义的“生产方式和交换方式的变更中”，在当代资本主义的“经济”中寻找其发展的前提的。他认为，驱动当代资本主义生产的动力，仍然如同马克思150年前对资本主义生产所做的分析那样是“获取最大利润”。而我们都知道，在马克思对资本主义的批判性分析中，“利

---

① 《马克思恩格斯全集》第47卷，人民出版社1972年版，第151页。

② 参见张岩《如何理解资本主义——兼评厉以宁的〈资本主义的起源〉》，《中国图书评论》2006年第5期，第36—40页。

③ 《马克思恩格斯选集》第3卷，人民出版社1995年版，第432页。

润"是资本家掩盖其对工人的剥削关系的一种手段，实质上它就是资本家无偿占有的由工人创造的剩余价值。这说明，尽可能提高资本对雇佣劳动的剥削程度，以获取尽可能多的剩余价值，仍然是当代资本主义生产的驱动力。而这一点再次表明了上述"当代资本主义社会仍然是一个资本剥削雇佣劳动的社会"的结论。

国内学者张岩先生正确地指出，"只有对资本主义的内涵与外延作出明确的界定，才能在对资本主义起源的研究中有的放矢"①。也就是说，弄清究竟什么是资本主义，是研究资本主义起源的一个必要的前提。那么，同样，弄清什么是当代资本主义，这也是研究当代资本主义起源的一个必要的前提。在我们看来，弄清什么是当代资本主义，不仅是探究当代资本主义起源的前提，而且也是探究其走向的前提。而我们通过上面的论述已经看出，奥尔曼在"内在关系"与"抽象"中弄清了什么是当代资本主义的问题。这表明，对奥尔曼来说，探究当代资本主义起源和走向的前提已经具备。那么，应该用什么方法来研究当代资本主义的起源与走向呢？

奥尔曼说："马克思主要关注的是资本主义……试图发现资本主义是什么、它是如何运行的，以及它是如何产生的、它正走向何处。"② 这与我国学者段忠桥教授所说的，"马克思对社会形态问题的研究绝不是为了提出一种

---

① 张岩：《如何理解资本主义——兼评厉以宁的〈资本主义的起源〉》，《中国图书评论》2006 年第 5 期，第 36—40 页。

② ［美］奥尔曼：《辩证法的舞蹈——马克思方法的步骤》，田世锭、何霜梅译，高等教育出版社 2006 年版，第 77 页。

关于人类社会发展一般规律的历史哲学，而是要提供一种关于资本主义社会的起源和灭亡的理论”，有着异曲同工之妙。简单地说，马克思所要揭示的就是资本主义的起源和走向。那么，马克思是运用什么方法来做的呢？

马克思说过：“对我们来说更为重要的是，我们的方法表明必然包含着历史考察之点，也就是说，表明仅仅作为生产过程的历史形式的资产阶级经济，包含着超越自己的，对早先的历史生产方式加以说明之点。因此，要揭示资产阶级经济的规律，无须描述生产关系的真实历史。但是，把这些生产关系作为历史上已经形成的关系来正确地加以考察和推断，总是会得出这样一些原始的方程式，——就像例如自然科学的经验数据一样，——这些方程式会说明在这个制度以前存在的过去。这样，这些启示连同对现代的正确理解，也给我们提供了一把理解过去的钥匙——这也是我们希望做的一项独立的工作。另一方面，这种正确的考察同样会得出预示着生产关系的现代形式被扬弃之点，从而预示着未来的先兆，变易的运动。一方面，如果说资产阶级前的阶段表现为仅仅是历史的，即已经被扬弃的前提，那么，现代的生产条件就表现为正在扬弃自身，从而正在为新社会制度创造历史前提的生产条件。”[①] 段忠桥教授据此认为，马克思研究资本主义的起源和走向的方法是“以现存的资本主义经济制度为研究的出发点，由此向前去追溯它的起源”以表明它不是从来就有

① 《马克思恩格斯全集》第 46 卷上，人民出版社 1979 年版，第 458 页。

的，同时分析它现存的矛盾以说明它必将为更高级的社会形态所取代[①]。这说明，在段忠桥教授看来，马克思运用的方法就是“逆向研究”。很显然，奥尔曼是赞同这种观点的，因为，正如我们在前面已经看到的，“逆向研究历史”的方法是奥尔曼所理解的马克思主义“内在关系的辩证法”的三个主要内容之一，而且他还详细探讨了马克思运用“逆向研究”方法来考察资本主义的起源和走向的主要路径。

作为一位坚定的马克思主义者，奥尔曼研究当代资本主义，同样是要在弄清它“是什么、它是如何运行的”基础上，弄清“它是如何产生的、它正走向何处”。也就是说，奥尔曼研究当代资本主义的根本目的也在于揭示其起源和走向，以表明当代资本主义既不是从来就有的，也不是永远存在的。既然马克思事实上在“逆向研究”中成功揭示了资本主义的起源与走向，奥尔曼也就可以这么去做。实际上，我们看到，在奥尔曼那里，不仅是“可以”这么做，而且是“必须”这么做。因为，在奥尔曼看来，虽然在“内在关系”中对当代资本主义存在方式的审视以及在“抽象”中对其本质的揭示，都反映了当代资本主义必然是由过去发展而来又向未来发展而去的，在“内在关系”中看到当代资本主义仍然只是一种历史地存在的“关系”，而在“抽象”中也看到当代资本主义的本质之一便是“暂时性”。但是，究竟当代资本主义是从何而来的，

---

① 段忠桥：《马克思的三大社会形态理论》，《史学理论研究》1995年第4期，第30—38页。

又向何处而去，这个问题只有在历史的“逆向研究”中才能得到明确的解答。简而言之，按照奥尔曼的观点，揭示当代资本主义的起源与走向有赖于“逆向研究”。

第二节　追溯过去：当代资本主义的起源表明它不是从来就有的

根据奥尔曼的观点，被当成某事物的“起源”来对待的东西就是该事物之前一切“导致它的东西”①。这说明，从当代资本主义的现在出发，追溯它的过去，以便在这种“逆向研究”中揭示当代资本主义的“起源”，也就是要揭示是什么导致了当代资本主义。而我们又可以沿着奥尔曼的思路，从两个角度说明，揭示是什么导致了当代资本主义，实际上就是要揭示是什么导致了资本剥削雇佣劳动的关系。

其一，既然如上所述，当代资本主义社会从根本上讲仍然是一个资本剥削雇佣劳动的社会，那么，要揭示是什么导致了当代资本主义，显然也就是要揭示是什么导致了资本剥削雇佣劳动的关系。

其二，我们在前面已经看到，当代资本主义同样具有“最初的产生”和“发展”所要求的“两种前提”。从其“发展”的前提来论，因为资本主义产生以后，它自己的

① ［美］奥尔曼：《辩证法的舞蹈——马克思方法的步骤》，田世锭、何霜梅译，高等教育出版社 2006 年版，第 113 页。

发展结果为它自己的继续发展创造着前提，所以，当代资本主义以前的资本主义本身的发展就充当了当代资本主义的"发展"所要求的前提。比如，正如马克思所说的，资本主义生产造成的外贸、世界市场、货币以及贵金属的供给都是资本主义生产的"前提"[①]，也是当代资本主义的"发展"前提。这说明，没有资本主义本身的产生与发展，也就根本谈不上当代资本主义，更谈不上它的发展了。那么，资本主义本身是从哪里来的呢？这就需要考察资本主义本身"最初的产生"所需要的前提。而追溯资本主义本身"最初的产生"，事实上就是要追溯资本剥削雇佣劳动"最初的产生"，因为，如果没有资本对雇佣劳动的剥削，也就不可能有资本主义本身的产生和存在。从当代资本主义"最初的产生"所要求的前提来论，因为当代资本主义是资本主义本身不可分离的一部分，所以，它们所需要的"最初的产生"的前提应该是一样的或共同的。甚至可以说，追溯资本主义本身"最初的产生"所需要的前提，与追溯当代资本主义"最初的产生"所需要的前提，实际上是一个问题。因此，寻找当代资本主义的这种前提，也就是要寻找资本主义本身的这种前提。那么，显然，追溯当代资本主义"最初的产生"，事实上也就是要追溯资本剥削雇佣劳动"最初的产生"。换句话说，要揭示是什么导致了当代资本主义，也就是要揭示是什么导致了资本剥削雇佣劳动的关系。

---

① ［美］奥尔曼：《辩证法的舞蹈——马克思方法的步骤》，田世锭、何霜梅译，高等教育出版社 2006 年版，第 147 页。

那么，是什么东西导致了资本剥削雇佣劳动的关系呢？马克思曾经指出：“创造资本关系的过程，只能是劳动者和他的劳动条件的所有权分离的过程，这个过程一方面使社会的生活资料和生产资料转化为资本，另一方面使直接生产者转化为雇佣工人。”[①] 这说明，要使资本剥削雇佣劳动的关系得以产生和存在，就必须有两个方面的前提：一是资本的产生；二是无产者的出现。用奥尔曼的话说就是，城镇出现了大量愿意出卖也能够出卖自己的劳动力并成为无产者的人，只有出现了无产者，才有人不得不被雇用从而成为雇佣劳动者。其中首要的前提应该是无产者的出现，因为“除劳动能力以外一无所有的阶级的存在是资本的必要前提”[②]，“只有当生产资料和生活资料的占有者在市场上找到出卖自己劳动力的自由工人的时候，资本才产生”[③]，也就是说，如果没有无产者，就不可能有资本。

资本与无产者是否在人类社会产生之时就产生和存在了呢？按照奥尔曼的观点，第一，无产者是由封建社会末期大量离开土地的农奴转变而来的，造成这种转变的主要是当时最典型的各种圈地行为。第二，资本的产生是少数人积累了大量“资本主义为了产生所要求的财富”以后的事情，而这种使资本主义得以产生的财富的积累“只能通过劳动剥削以外的途径获得，因为只有资本本身才能使劳

① 《马克思恩格斯选集》第 2 卷，人民出版社 1995 年版，第 260 页。

② 《马克思恩格斯选集》第 1 卷，人民出版社 1995 年版，第 346 页。

③ 《马克思恩格斯选集》第 2 卷，人民出版社 1995 年版，第 172 页。

动剥削成为可能”。这种“劳动剥削以外的途径”主要就是如“圈地运动”这样赤裸裸的暴力行为。只有经过这种过程以后，“从头到脚，每个毛孔都滴着血和肮脏的东西”的资本才能“来到世间”。这充分说明，资本与无产者并非在人类社会产生之时就产生并存在，也就是说，它们不是从来就有的。这恰如马克思所说的：“自然界不是一方面造成货币所有者或商品所有者，而另一方面造成只是自己劳动力的所有者。这种关系既不是自然史上的关系，也不是一切历史时期所共有的社会关系。它本身显然是以往历史发展的结果，是许多次经济变革的产物，是一系列陈旧的社会生产形态灭亡的产物”①；“资本主义社会的经济结构是从封建社会的经济结构中产生的。后者的解体使前者的要素得到解放”②；“资本生成、产生的条件和前提恰恰预示着，资本还不存在，而只是正在生成”③。

概括起来说，奥尔曼在“逆向研究”中对当代资本主义的起源的考察表明，当代资本主义作为资本主义本身的一部分，其起源仍然是资本和无产者，因为，只有资本和无产者，才能导致以资本剥削雇佣劳动为基础和本质的当代资本主义的产生、存在和发展。而资本和无产者并非从来就有的东西，而主要是在封建社会末期才产生或出现的。这就进一步表明，当代资本主义并不是从来就有的。

---

① ［德］马克思：《资本论》第1卷，人民出版社1975年版，第192页。

② 《马克思恩格斯选集》第2卷，人民出版社1995年版，第261页。

③ 《马克思恩格斯全集》第46卷上，人民出版社1979年版，第456—457页。

这也再次证明，资产阶级虽未给予明确辩护但却在事实上秉持的，那种资本及以它为基础的包括当代资本主义在内的资本主义是一种“一直存在”[①] 的东西的观点，是错误的。

也许有人会说，凡是知道一些马克思主义政治经济学知识的人都知道，人类社会发展到一定阶段的时候，产品就变成了商品，随着商品交换的不断发展，货币产生了，而随着劳动者与生产资料的分离，劳动者为了生存不得不出卖自己的劳动力，劳动力变成了商品，于是，货币变成了资本。一方面有了出卖自己劳动力的劳动者，另一方面出现了购买劳动力的资本，资本剥削雇佣劳动的关系就出现了，资本主义也就产生了。这样看来，奥尔曼的上述观点并没有什么新奇之处。但我们认为，我们需要特别注意的是，奥尔曼的思考路径与我们通常的思考路径是相反的，所要说明的东西也是根本不同的。我们通常的思考是沿着历史“故事”的发展线索进行的，想要说明的是“资本主义就如此这般地产生了”；而奥尔曼是在对历史进行“逆向研究”，进行逆向思考，他要说明的是包括当代资本主义在内的资本主义并非如资产阶级所言的是“一直存在”的东西，或者说，包括当代资本主义在内的资本主义并非从来就有的东西。在历史中产生的东西，也必然在历史中灭亡。包括当代资本主义在内的资本主义也不能例外。

① ［美］奥尔曼：《辩证法的舞蹈——马克思方法的步骤》，田世锭、何霜梅译，高等教育出版社 2006 年版，第 85 页。

第三节 展望未来:当代资本主义的走向是社会主义和共产主义

在"内在关系"和"抽象"中，我们都看到当代资本主义不可能永恒存在，它必然要向未来发展。但它究竟会向何处发展而去？或者说，当代资本主义未来的走向究竟是什么呢？奥尔曼认为，一切社会变化都是"潜在的即将实现，和已经存在的过程的未来展开，并因此可以通过对这种被当作时空关系的过程的研究而发现出来。货币的'命运'根源于它的现存结构。任何社会的'命运'都是如此。它将会变成什么东西……是通过对构成主要的现存关系的动力、范式和趋势的考察而揭示出来的"[①]。而他通过对当代资本主义"现存结构"的研究，通过对当代资本主义这种复杂"关系的动力、范式和趋势"的考察，发现当代资本主义本身作为一种复杂的"关系"必然会随着其存在条件的消失而消失；当代资本主义内在的矛盾只有靠社会主义才能完全并永久地得到解决；当代资本主义已经在为社会主义和共产主义创造前提。由此可见，在"内在关系"和"抽象"中看到的作为当代资本主义本身的一部分或其必然要走向的未来不是别的，正是社会主义和共产主义。社会主义和共产主义是当代资本主义"根源于它的

① ［美］奥尔曼：《辩证法的舞蹈——马克思方法的步骤》，田世锭、何霜梅译，高等教育出版社 2006 年版，第 27 页。

现存结构"的"命运"。换句话说，当代资本主义的走向是社会主义和共产主义，这是当代资本主义"命定的"前程。

一　当代资本主义矛盾的解决方式仍然显示着社会主义的必然性

马克思指出："一种历史生产形式的矛盾的发展，是这种形式瓦解和新形式形成的唯一的历史道路。"[①] 所以，在奥尔曼看来，马克思正是通过将资本主义的各种发展趋势概括为各种各样的矛盾，并思考代替资产阶级的新的统治阶级即工人阶级，将会如何以其阶级利益为指导来"完全地永久地改变资本主义的所有重要矛盾"，而揭示社会主义的必然性的。"如果说工人阶级对政权的掌握，与他们从资本主义中继承的物质条件一起，使我们看到了社会主义的可能性，那么，工人阶级特殊的阶级利益，与资本主义条件下阻碍我们认识这些利益的任何障碍的废除一起，使我们看到了多数的社会主义必然性"[②]。现在的问题是，当代资本主义发生了巨大的变化，已经不是马克思当年所看到的资本主义了，加上社会主义遭到了"苏东剧变"的"沉重打击"。当代资本主义还有矛盾吗？当代资本主义矛盾的解决还预示着社会主义的必然性吗？

在奥尔曼看来，由于非辩证思想家运用的是将现实分

---

① 《马克思恩格斯选集》第 2 卷，人民出版社 1995 年版，第 214 页。

② ［美］奥尔曼：《辩证法的舞蹈——马克思方法的步骤》，田世锭、何霜梅译，高等教育出版社 2006 年版，第 214 页。

割为“单独的和孤立的部分”的观念而不是将事物当作“关系”的观念，他们就很难同时关注一种矛盾的不同方面，结果，只好逐次考察这些方面，即使是同时考察所有这些方面，他们也会对其中某一个方面予以比其他方面更多的关注，而它们之间的相互作用则往往被错误地当成了一种因果关系。因此，他们看不到资本主义的矛盾。例如，由于孤立地考察资本主义生产力和资本主义分配关系，他们就未能看到这个矛盾。他们仅仅将矛盾理解为差别、自相矛盾的论点、对立、张力、紧张、失调、混乱、不均衡、冲突，而很少看到且从来不能充分理解这些过程相互渗透的方式，从来不能估量它们的相互依存在从久远的起源发展到现在和未来的过程中所起的作用。既然看不到矛盾，就谈不上“资本主义的矛盾预示着社会主义的必然性”了。

的确如此。后现代主义对当代资本主义的批判不可谓不深刻。例如，德里达就明确地指出了当代资本主义的“问题”：“经济战争、民族战争、少数民族间的战争、种族主义和排外现象的泛滥、种族冲突、文化和宗教冲突，正在撕裂号称民主的欧洲和今天的世界”；“不是在历史终结的狂欢中欢呼自由民主制和资本主义市场的来临，不是庆祝‘意识形态的终结’和宏大的解放话语的终结，而是让我们永远也不要无视这一明显的、肉眼可见的事实的存在：任何一点的进步都不允许我们无视在地球上有如此之多的男人、女人和孩子在受奴役、挨饿和被灭绝，在绝对数字上，这是以前从未有过的”。总之，当代资本主义“满目皆是黑暗、威胁与被威胁”。然而，德里达反对马克思主义辩证法，而只是以“非马克思主义者……准备换岗接班，不过却隐藏在忧心忡忡的反共产主义专家们尚未练好本事去撕掉其伪装面具的形象背后或引号之中的，隐秘的马克思主义者、假马克思主义者或准马克思主义者”的身份，继承对其“解构”一切有利的“马克思主义的批判精神”。因此，他在当代资本主义中看到的一切就仍然只是“差异”：“如果没有差异，也就没有了意义”[①]，而根本不可能看到当代资本主义的各种矛盾并思考这些矛盾，从而揭示出社会主义的必然性。于是，虽然德里达对当代资本主义进行了深刻的批判，并强调“共产主义的幽灵”存在的必要性，但在他那里，共产主义（当然，包括其低级阶段社会主义）“一直是而且将仍然是幽灵的”，只不过是“一个永远也不会死亡的鬼魂，一个总是要到来或复活的鬼魂”[②]；共产主义承诺的有效性和实际性与资产阶级民主承诺的有效性和实际性一样，仅仅存在于“一个无限的承诺与规定了的、必然的、同时又必然与这一承诺相对立的不充足形式之间的断裂的缺口”之中，从根本上来说，共产主义只是“不可规定的救世希望”，一种“永远不会存在的事物”[③]。

---

① 转引自谢立中等《现代性、后现代性社会理论：诠释与评论》，北京大学出版社 2004 年版，第 41 页。

② ［法］德里达：《马克思的幽灵》，何一译，中国人民大学出版社 1999 年版，第 141 页。

③ ［法］德里达：《评福山的〈历史的终结和最后的人〉》，载俞可平主编：《全球化时代的“马克思主义”》，中央编译出版社 1998 年版，第 139—151 页。

利奥塔由于"把后现代规定为对元叙述的怀疑"，因而否定了根据元叙述来断定的诸如本质、规律等等普遍性或总体性的东西。在他那里，一切都变得不确定了。这种不确定的内容乃是语言游戏的多元性和异质性——它使关于普遍性或总体性的理性武断或任何武断都不合时宜了。整个当代资本主义所处的"后现代状态是元叙述作为知识/文化之基础被拒斥后的不确定状态"①。既然什么都是"不确定"的，那就根本不可能也不允许从中揭示当代资本主义内在的矛盾并由此揭示社会主义的"必然性"。更何况"必然性"就是一种"规律"，而"规律"是以利奥塔所怀疑和否定的"元叙述"为基础的。虽然有学者认为，利奥塔"当然不再是马克思式的社会主义者，但也不是完全放任式的自由主义者，他的立场，不是惯常的'非左即右'、'非黑即白'的简单二分可以清楚界定的"②，但不管怎么说，利奥塔已经否认了马克思主义意义上的社会主义，这倒是十分"确定的"。

事实上，生态马克思主义者也已经明确指出过，后现代主义者以"反缚于逻各斯中心主义"为由，否定马克思主义，否定马克思主义的社会主义是站不住脚的。他们认为，社会主义是有存在论依据的。例如，生态马克思主义的主要代表之一高兹就强调指出，从马克思主义的存在论出发必然得出"社会主义是对资本主义的积极的否定"的

---

① 参见谢立中等《现代性、后现代性社会理论：诠释与评论》，北京大学出版社 2004 年版，第 381 页。

② 谢立中等：《现代性、后现代性社会理论：诠释与评论》，北京大学出版社 2004 年版，第 406—407 页。

结论[①]。从生态马克思主义者对德里达、利奥塔等后现代主义者"否定社会主义"的批评中，我们至少可以进一步认定，由于反对马克思主义辩证法，后现代主义者根本不可能看到资本主义的"矛盾"，并从中看到社会主义的"必然性"。实际上，由于对后现代主义者来说，"什么都行，回到古代也完全可以"，由此"失去了人类发展的目标，也就失去了高级、低级的评价标准"[②]，所以，什么"社会主义"、"社会主义的必然性"等等，根本都不在他们的视野之中了。

无独有偶。"分析的马克思主义"是 20 世纪 70 年代以来在英美等西方国家兴起和发展的一种非常重要的马克思主义思潮。"它的出现推动了马克思主义在西方国家，特别是在英、美等地区的传播，扩大了马克思主义在西方学术界的影响。……它对马克思主义的一些基本概念和原理的分析和阐述并不全无道理，因而在一定意义上深化了马克思主义的研究。……它探讨了现今资本主义社会的新情况和新问题，对资本主义制度的不合理做了较为深刻的揭露和批判"，但由于"所有的分析的马克思主义者都反对传统的马克思主义所坚持的辩证法"，并由此造成了其"致命的弱点"即"只能对社会结构和社会历史做静止的分析，而无法说明社会的运动、变化和发展"[③]，所以，它

---

① 参见陈学明《永远的马克思》，人民出版社 2006 年版，第 297 页。

② 邓晓芒：《黑格尔辩证法讲演录》，北京大学出版社 2005 年版，第 94 页。

③ 段忠桥：《当代国外社会思潮》，中国人民大学出版社 2001 年版，第 228、200、229 页。

在认识当代资本主义和社会主义等问题时也发生了与后现代主义同样的错误，即看不到当代资本主义的矛盾所决定的社会主义的客观必然性，而自觉或不自觉地将社会主义看成了乌托邦。“辩证法的马克思主义”的主要代表之一，美国纽约州立大学布法罗分校哲学系教授詹姆斯·劳勒就批判“分析的马克思主义”的主要代表科亨，认为他追随了阿尔都塞，对对立的肯定排除了连续性，忽视了对立面的统一，从而将资本主义与共产主义仅仅当成了两种分离的且截然不同的生产方式，使共产主义似乎成了一种乌托邦的反社会[①]。

相反，奥尔曼不仅确信马克思关于“在资本主义生产条件下，一切看来都是对抗的，而事实上也是这样”的观点，而且确信“一旦用矛盾形式将资本主义的问题再现出来，这些问题的解决方式就会变得清清楚楚。……把对这种矛盾的思考向未来延伸，直到或超出它们被解决的时候，而那时，它们的解决方式的特征就显示了其后的社会因素”[②]。他认为，当代资本主义必然灭亡的命运仍然是“由它自己的矛盾所决定的”。

按照奥尔曼的观点，马克思所说的矛盾“属于有机的和发展的系统中本质上是一个过程的事物”，它产生于内部，产生于这些过程的性质本身，“是系统状态的一种表现”，指的是“同一关系的不同因素之间，即相互依存的

---

① 参见［美］劳勒《马克思主义哲学和共产主义》，载欧阳康：《当代英美哲学地图》，人民出版社 2005 年版，第 660—671 页。

② ［美］奥尔曼：《辩证法的舞蹈——马克思方法的步骤》，田世锭、何霜梅译，高等教育出版社 2006 年版，第 11、212 页。

因素之间的性质相反的发展”。不同因素的发展道路既可以相互支持的方式而相交，又可以不断地相互妨碍、相互破坏、相互干扰，并在适当的时候相互转化。这种矛盾不仅在很大程度上包括的是经济内容，而且也包括客观条件与主观条件，既涉及资本积累也涉及阶级斗争。奥尔曼正是以这样的“矛盾”观来审视当代资本主义的。他认为，正因为“从资本的本性中产生出来的资本的各种生产条件是互相矛盾的”，所以，“在资本主义生产条件下，一切看来都是对抗的，而事实上也是这样”，以至于资本主义充满了各种错综复杂的矛盾①。当代资本主义“资本的本性”依然，所以，其中的一切仍然在事实上是相互对抗的，以至于它依然充满了各种错综复杂的矛盾。其中比较重要的有：使用价值与交换价值的矛盾、生产过程中资本与劳动的矛盾（以及阶级斗争中资产阶级与工人的矛盾）、资本主义生产力与资本主义生产关系的矛盾、竞争与合作的矛盾、科学与意识形态的矛盾、政治民主与经济奴役的矛盾，以及社会生产与私人占有的矛盾。这样的矛盾是当代资本主义内在的，并将随着当代资本主义本身所取得的成就的增大而日益严重。比如，当代资本主义在促进生产力的发展方面成就是显著的，但由于资本家获取尽可能多的剩余价值的目的使其在发展生产时总处在悖论之中：一方面，他要尽可能提高劳动生产率，生产尽可能多的商品；另一方面，他要尽可能地缩短雇佣工人的必要劳动时间，

---

① 《马克思恩格斯全集》第 46 卷下，人民出版社 1980 年版，第 43 页；［德］马克思：《剩余价值理论》第 1 册，人民出版社 1975 年版，第 219 页。

降低劳动力的价值，从而减少雇佣工人的工资。一方面，他为了尽可能提高劳动生产率，生产尽可能多的商品，就要尽可能提高生产的技术水平，使得当代资本主义生产的自动化程度越来越高；另一方面，随着自动化程度的日益提高，资本的有机构成也在日益提高，造成更为严重的"机器吃人"后果，使得更多的人加入了"产业后备军"。这就必然造成一种日益恶化的矛盾：一方面，生产的商品越来越多，另一方面，占人口绝大多数的工人的购买力却在日益相对地缩小。这使当代资本主义不仅不能摆脱周期性相对过剩的经济危机，而且这种危机会更加严重，只是表现形式有所不同罢了。恰如马克思所说的，"生产力愈发展"，资本主义生产关系所固有的"使用价值和交换价值、商品和货币、买和卖、生产和消费、资本和雇佣劳动等等之间的矛盾就愈扩大"①。由于如上所述，矛盾是同一关系中相互依存的各种因素之间性质相反的发展，它们在相互支持的同时，还会相互破坏，所以，当代资本主义愈益严重和恶化的各种矛盾充分表明：资本主义赖以生存的条件的再创造在今天已经变得越来越困难，而使社会主义成为可能的条件却发展程度更高、更普遍和更显而易见了；与此同时，那些在对资本主义社会予以根本变革中拥有最大和最直接利益的人，在当今已经遭到了空前的压力。所有这些都使起义阶级的组织、意识和策略将社会主义取代资本主义这一期待中的变革变为现实变得只是一个

---

① ［德］马克思：《剩余价值理论》第 3 册，人民出版社 1975 年版，第 55 页。

时机的问题。由此可见，虽然社会主义完全取代当代资本主义还有待“时机”的成熟，但有一点是可以肯定的，即“完全地并永久地”解决当代资本主义的各种矛盾必然有赖于社会主义对资本主义的完全取代，也就是说，当代资本主义内在的各种矛盾的解决方式仍然显示着社会主义的必然性。

需要补充说明的是，奥尔曼谈论过社会主义的“可能性”、“必要性”和“必然性”问题。在他看来，社会主义现在被认为是“可能的”，因为以前一些哲学家就有社会主义的设想了，但他本人认为现在社会主义“不仅可能”，而且“更容易实现”。这不仅因为资本主义比人们想象的要虚弱，而且因为资本主义已经走到了尽头，现在要取代资本主义更容易了。社会主义不仅是“可能的”而且是“必要的”。资本主义正在破坏我们的生态环境。每天资产阶级报纸都在报道对水源、空气、沙漠、土地以及各项资源的破坏，生活变得愈来愈可怕、危险了，但媒体是资产阶级控制的，虽然对此有许多报道，但它们并没有指出这种情况是谁造成的。事实是由于资产阶级不惜任何代价追求利润，所以不久，也许在本世纪，就会有地方不适宜人类生存。因此，“如果不去取代资本主义，人类将没有生存条件。在这个意义上说，应该以社会主义取代资本主义”。换句话说，以社会主义取代资本主义是“必要的”。但说社会主义是“必要的”，并不意味着是“必然的”。他认为，资本主义的未来有三种可能：一种“肯定是某种形式的世界社会主义”；另一种是“世界将会是人类不能居住的”；第三种可能是马克思当时提出的“野蛮主义”，这种"野蛮主义"不是上世纪希特勒、墨索里尼那种主义，因为20世纪的法西斯主义在生产上是比较发达的，而且是有组织的，这种"野蛮主义"就是摧毁了文明，国家被分裂为相互战斗的小国，由将军统治，以攫取最大的利润，并要摧毁学校、医院等各种设施，这时全世界都会坠入黑暗时代（死亡、疾病、无知，全社会都是如此）。[①] 这里似乎表明，在奥尔曼那里，社会主义虽然是"必要的"，但它只是三种"可能性"中的一种，而不具有"必然性"。在我们看来，在他所指出的三种"可能性"中，后两种如果成为现实的话，那不仅是人类的灾难，而且是人类历史的倒退。虽然也是一种"变化"，但绝对不是"发展"。所以，从人类历史在整体上讲"必然"要由低级向高级、由野蛮向文明"发展"的意义上来说，上述三种"可能性"中的后两种只能是失去理性的人类的未来。在当代资本主义条件下，且不说肩负着解放全人类之伟大历史使命的无产阶级一定会理性地解决资本主义的各种矛盾，以谋求在全人类建立社会主义和共产主义社会，从而解放全人类，就是资产阶级本身为了自己的利益也会理性地解决资本主义的各种矛盾和问题，所以说后两种"可能性"最多能够成为时刻提醒人类的警钟，而不可能成为现实。如此，则社会主义和共产主义仍然是人类的必然未来。也由此，上述奥尔曼的主张并没有抵消"当代资本主义矛盾的解决方式仍然显示着社会主义的必然性"的结论。

---

① 参见《美奥尔曼教授在中国谈马克思主义》，http://www.weiweikl.com/GYZC49.htm.

二　当代资本主义存在更为巨大的社会主义“潜在”

前面已经说过，在奥尔曼看来，马克思看到了“隐藏”在资本主义中的社会主义“潜在”，并通过对资本主义旧世界的“批判”，“发现”了社会主义新世界的“潜在”并将其揭示了出来。之所以在资本主义中存在着社会主义的潜在，是因为，在辩证法的核心“内在关系哲学中，未来是现在的一个基本时期。它不仅是现在变成的东西，而且无论未来发生的是什么都作为潜在存在于现在之中，存在于现在的所有形式之中”，也就是说，按照“内在关系的辩证法”，社会主义作为资本主义的未来是资本主义本身的一部分，社会主义新世界以一种巨大而又尚未开发的潜在形式[①]存在于资本主义旧世界之中。虽然“潜在”在辩证思想中的中心地位已经被各种思想家注意到了，例如，C. L. R. 詹姆士把现实性与潜在性之间的内在关系称为黑格尔辩证法以及马克思辩证法的“全部的秘密”；马尔库塞声称，就在马克思用来分析现在的概念的含义中，他发现了现在与未来之间无法解释的联系；马克斯米里恩·鲁贝尔提出马克思发明了一种新的语法形式，即“预期的陈述”，在这里指向他面前事物的任何努力都预示着尚不存在的其他事物。但是，奥尔曼认为，他们都没有能够解释清楚马克思是怎么做的，换句话说，他们都

① ［美］奥尔曼：《辩证法的舞蹈——马克思方法的步骤》，田世锭、何霜梅译，高等教育出版社 2006 年版，第 154、205 页。

没有说明究竟如何揭示这种"潜在"。奥尔曼认为，马克思之所以能够做到这些，就是因为他是运用"内在关系的辩证法"，在"逆向研究历史"的"辩证法之舞"中，按照"现在—过去—未来—现在"的路径来研究资本主义的。

150多年过去了，资本主义又发展了一个多世纪，与当年马克思所面对的资本主义相比，当代资本主义发生了许多重大的变化。当代资本主义中是否存在社会主义的"潜在"呢？按照不同的方法，人们得出的答案也是非常不同的。

马克思说："人们在自己生活的社会生产中发生一定的、必然的、不以他们的意志为转移的关系，即同他们的物质生产力的一定发展阶段相适合的生产关系。这些生产关系的总和构成社会的经济结构，即有法律的和政治的上层建筑竖立其上并有一定的社会意识形式与之相适应的现实基础。物质生活的生产方式制约着整个社会生活、政治生活和精神生活的过程。不是人们的意识决定人们的存在，相反，是人们的社会存在决定人们的意识。社会的物质生产力发展到一定阶段，便同它们一直在其中运动的现存生产关系或财产关系（这只是生产关系的法律用语）发生矛盾。于是，这些关系便由生产力的发展形式变成生产力的桎梏。那时社会革命的时代就到来了。随着经济基础的变更，全部庞大的上层建筑也或慢或快地发生变革。"①

---

① 《马克思恩格斯选集》第2卷，人民出版社1995年版，第32—33页。

分析的马克思主义者科亨据此对生产力与生产关系的相互关系进行了所谓的功能解释：“流行的生产关系之所以会流行，原因就在于它们是促进生产力发展的生产关系。现存的生产力水平决定了什么样的生产关系将提高其水平，那类提高其水平的生产关系因而就流行起来。换句话说，如果K类型生产关系流行，那是因为就现存的生产力发展水平来看，K类型生产关系适合这一生产力的发展。”[①] 科亨说在他的解释中包含着二个命题：（1）生产力的发展水平解释为什么某种生产关系而不是其他生产关系会促进生产力；（2）促进生产力的生产关系的流行是因为它们促进生产力。由这两个命题可以得出：生产力的发展水平解释生产关系的性质。这里暗含着两个命题，即发展命题：由于人所处的历史环境是一种物质资料匮乏的环境，只有不断努力，人才能获得所需要的物质生活资料，人具有的聪明才智及其程度使其有改进匮乏处境的能力，加上人是有理性的而总会发挥自己的能力不断努力去获得所需的物质资料，所以，生产力具有不断发展的趋势且这种发展贯穿整个历史；这个发展命题决定了第二个命题即首要性命题：在生产力与生产关系的相互关系中，生产力具有解释的首要性，也就是说，只能用生产力解释生产关系而不能相反。而生产力解释生产关系是通过生产关系对于生产力的作用来解释的，此即为功能解释。在这种解释中，“生产关系的流行依赖于适合生产力的发展，生产力的发展却

---

① 转引自段忠桥《谈谈科亨对生产力和生产关系相互关系的功能解释》，《哲学研究》2005年第5期，第33—38页。

不依赖于生产关系"，而且，"一种生产关系的流行是因为它们适合现存生产力的发展水平，但其之所以会如此却不是由自身决定的，而是由生产力的发展水平决定的。这就如同一些物种的存在是因为它们适合现存的自然环境，但它们之所以会如此却不是由自身决定的，而是由现存的自然环境决定的。于是，生产力对生产关系的决定作用就如同自然环境对生物物种的作用，成了前者对后者的选择"，这样，科亨就"把马克思所说的生产力和生产关系的相互关系理解为一事物依存于另一事物的外在关系"[①]。

事实上，正如塞耶斯所说的，科亨的分析"方法的基础……是一种可以被称为外在关系的逻辑"，按照这种逻辑，"事物是它们自身，并且在其自身中有着其本质属性，而完全独立于它们所处的关系之外"[②]。例如，科亨明确表示过，"生产关系单独足以构成经济结构。这意味着生产力不是经济结构的一部分"[③]，所以，在科亨那里，就不仅仅是生产力与生产关系之间的关系是外在的，各种形式的生产关系之间的关系也成了一种外在的关系。科亨认为："生产力是按照结构促进发展的能力来选择结构的。"[④] 段忠桥教授对此作了很好的评述："在生产力水平发展的一

---

① 段忠桥：《谈谈科亨对生产力和生产关系相互关系的功能解释》，《哲学研究》2005 年第 5 期，第 33—38 页。

② Sean Sayers："Marxism and the Dialectical Method"，*Radical Philosophy 36*（*Spring*，*1984*）. pp. 4 - 13.

③ ［英］柯亨：《卡尔·马克思的历史理论——一个辩护》，岳长龄译，重庆出版社 1989 年版，第 31 页。

④ 同上书，第 176 页。

定阶段上，会出现不止一种生产关系，只有被生产力所选择的那种生产关系才得以流行，而其他未被选上的生产关系将会消失。由此可以推论，一种生产关系的出现并不取决于现存的生产力，而是取决于其他东西。既然生产关系的出现不取决于现存的生产力，那么生产关系具有或不具有促进生产力发展的作用自然也不取决于现存的生产力。如果这些都不取决于生产力，那么生产力对生产关系的决定作用就成了对某种偶然出现并偶然具有促进生产力作用的生产关系的选择了。”① 既然各种生产关系都是“偶然”出现的，“偶然”被生产力选中的，那各种形式的生产关系之间也不可能有什么内在的关系。如此则资本主义与社会主义之间的关系也只能是外在的而不可能是内在的了。詹姆斯·劳勒非常风趣而又不失深刻地指出，正是由于科亨“轻蔑地对待通常被他放在惊慌的引号里的‘辩证法’观念”，所以他总是“把资本主义和共产主义仅仅当作两种分离的而且是截然不同的生产方式。随着一个从另一个那里的出现而达到的对立面的统一，则被……省略掉了”②。塞耶斯也提出了同样的看法。在塞耶斯看来，科亨“对黑格尔主义和辩证思维完全持敌对态度。在他们看来，不同的生产方式是完全孤立和自主的系统，彼此之间只有区别而无联系。资本主义与社会主义被一堵形而上的高墙彼此分开”，但“这种观点不仅是非历史的，而且无疑是

① 段忠桥：《谈谈科亨对生产力和生产关系相互关系的功能解释》，《哲学研究》2005 年第 5 期，第 33—38 页。

② 参见［美］劳勒《马克思主义哲学和共产主义》，载欧阳康：《当代英美哲学地图》，人民出版社 2005 年版，第 671、668 页。

反历史的"。为什么呢？这是因为历史的变迁过程从来都不是互不相同且没有可比性的社会形式纯粹任意的依次更替。相反，历史的发展都是由彼此之间存在内在联系的各个阶段构成的，每个阶段相对于前一个阶段都是一种历史的进步，但又必然要发展到更高级的阶段，也就是说每个阶段都要被更高级的阶段所取代。但恰恰因为各个阶段之间存在内在的联系，所以，每个更高级的阶段都是在相对低级的阶段内部形成的。由此，社会主义与资本主义就不是两种完全不同且没有任何联系的社会形态。后资本主义的社会主义并不是像科亨所说的那样是完全外在于和迥异于资本主义的，"相反两者之间存在着内在和本质的联系"，"正如马克思所说的那样，社会主义诞生的条件及其代理人都产生于资本主义内部，是它自身的产物"①。正因为科亨将资本主义与社会主义之间的关系看成了外在的关系，也就是将资本主义的现在与它的未来"完全隔离"开来了，所以他就不可能在当代资本主义之中看到社会主义的"潜在"。

虽然科亨也十分强调社会主义的生产力前提，认为，"生产力过去的发展使社会主义成为可能，而它的未来的发展使社会主义成为必然"，而且他还引用马克思的话说，在"资本主义使一般劳动生产力发展到足够高的水平以前，社会主义革命是不会成功的"，并断言"革命早

---

① 参见［英］塞耶斯《分析马克思主义与道德》，载［加］罗伯特·韦尔等主编：《分析马克思主义新论》，鲁克俭、王来金、杨洁译，中国人民大学出版社 2002 年版，第 66—85 页。

熟的企图，无论其直接的结果是什么，最终将是资本主义的复辟”[①]，但由于在他那里，生产力与生产关系的关系是外在的，所以我们也不能由此得出结论说，他也认为社会主义需要资本主义创造生产力前提，因而社会主义与资本主义是内在地联系在一起的。实际上，按照科亨的逻辑，只不过是“足够高的水平”的生产力才会选择社会主义生产关系，而没有达到“足够高的水平”的生产力就只会选择资本主义生产关系。资本主义与社会主义仍然只是两种供生产力作“单项选择”的处于外在关系之中的“备选答案”。至于资本主义中的社会主义“潜在”就根本谈不上了，在科亨的逻辑中，这个问题本身就是不存在的。

相反，“内在关系的辩证法”使得奥尔曼能够充分认识到马克思关于“生产工具的积聚和分工是彼此不可分割的，正如政治领域内国家权力的集中和私人利益的分化不能分离一样。……工具积聚发展了，分工也随之发展，并且反过来也一样。正因为这样，机械方面的每一次重大发展都使分工加剧，而每一次分工的加剧也同样引起机械方面的新发明”[②] 的论断中所体现出来的，生产力与生产关系这两个对立面之间的相互作用、相互渗透和相互转化，而不会像科亨那样强调“生产力与生产关系应该被看成是完全不同和彼此分离的。生产力是一回事，而生产关系是

---

① ［英］柯亨：《卡尔·马克思的历史理论——一个辩护》，岳长龄译，重庆出版社 1989 年版，第 221 页。

② 《马克思恩格斯选集》第 1 卷，人民出版社 1995 年版，第 165—166 页。

另一回事"[①]；也能够充分认识到马克思关于"当资本——不是某种特定的资本，而是一般资本——刚一开始形成，它的形成过程就是在它之前的生产方式的解体过程和这一生产方式瓦解的产物"[②]，"我们这里所说的是这样的共产主义社会，它不是在它自身基础上已经发展了的，恰好相反，是刚刚从资本主义社会中产生出来的，因此它在各方面，在经济、道德和精神方面都还带着它脱胎出来的那个旧社会的痕迹"[③] 的论断所反映出的，在人类历史的进程中前后相继的生产关系之间的内在联系，能够认识到资本主义与封建主义、社会主义与资本主义之间的内在关系，而不会像科亨那样认为"前资本主义的生产关系是保守的，这不仅在于它们没有直接促进生产力，而且在于在那种生产关系下生产力取得的进步，与在资本主义下的进步相比，是很缓慢的。尽管资本主义比封建主义能促进生产力更快的发展，但有一点仍是真的，即当封建主义而不是资本主义流行的时候，封建主义对生产力是最有利的"，从而将资本主义与封建主义之间的关系看成"运动汽车"与"吉普车"之间那样的外在关系[④]，并因此将社会主义与资本主义之间的关系也看成这样的外在关系。

---

① Sean Sayers: "Marxism and the Dialectical Method," *Radical Philosophy 36* (*Spring*, *1984*). pp. 4－13.

② ［德］马克思：《剩余价值理论》第 3 册，人民出版社 1975 年版，第 545 页。

③ 《马克思恩格斯选集》第 3 卷，人民出版社 1995 年版，第 304 页。

④ ［英］柯亨：《卡尔·马克思的历史理论——一个辩护》，岳长龄译，重庆出版社 1989 年版，第 184 页。

像马克思那样沿着“现在—过去—未来—现在”的路径来探究当代资本主义，特别是从未来的社会主义和共产主义的角度反观当代资本主义，奥尔曼不仅能够认识到资本主义与社会主义之间有着内在的联系，而且能够揭示出，当代资本主义之中的社会主义“潜在”比马克思当年所看到的要更为“巨大”。他说：“在当代资本主义中有越来越多的社会主义因素。马克思对社会主义和共产主义的理解来自他对当时的资本主义（尤其是德国）的研究。他认为资本主义里有社会主义因素。如果这是事实（我认为这是事实），在今天发展的资本主义中，可以看到有更多的社会主义萌芽。”[①] 根据奥尔曼“内在关系的辩证法”，这里所说的“因素”和“萌芽”实质上就是“潜在”。这种当代资本主义中巨大的社会主义“潜在”就在已经处于社会主义边缘的条件中，例如，工人和消费者的合作、公共教育、市属医院、政治民主以及国有化的企业；也存在于那些似乎在它们周围没有任何社会主义因素的条件之中，例如，发达的工业、巨大的物质财富、高水平的科学、职业技术、有组织的结构、教育和文化；也存在于资本主义的严重问题中，例如，失业和日益加剧的不平等。奥尔曼指出：“马克思主义者很容易看到我们的巨大财富和创造更多财富的能力并预见到物质欲望的终结，或者看到我们有限的和运转不灵的政治民主并预见到每个人都民主地管理全社会，或者看到不断增加的失业并预见到这样

---

① 参见《美奥尔曼教授在中国谈马克思主义》，http：//www. weiweikl. com/GYZC49. htm.

的可能性，人们共同负担所要完成的工作、工作更少的时间和享受更多的自由时间等等。”正因为当代资本主义中存在着如此巨大的潜在，所以，我们同样可以甚至更加可以在威廉·福克纳所假定的“过去不是死的——它甚至不在过去之中”的论断后补充道：“而且未来不是未来的——它甚至不在未来之中”。

我们在前面曾提到一个问题：同样是用马克思主义的辩证法来分析和认识当代资本主义，为什么奥尔曼和阿多诺却得出了虽然不是截然相反但也是极为不同的结论？到此我们可以对这个问题作出一定的回答——这是因为虽然奥尔曼与阿多诺都在运用辩证法认识和批判当代资本主义，但事实上，两者的分析存在重大的差异或分歧。这种差异或分歧至少表现在以下三个方面，而这些差异或分歧也正是奥尔曼“内在关系的辩证法”超越阿多诺“否定的辩证法”的地方。

首先，阿多诺“否定的辩证法”仅仅在批判资本主义旧世界，而奥尔曼“内在关系的辩证法”却不仅在批判资本主义旧世界，更是在发现社会主义和共产主义新世界。虽然“否定的辩证法”的否定性并非后现代思潮那种虚假的“虚无主义地否定一切的批判性”，因为如果“什么都反对就是不反对，颠覆一切的不可能性背后必是维护现状的难言之隐”，也就是说，如果“什么都批判和否定，也就是什么都不否定”[①]，但由于阿多诺拒斥“否定之否定”

① 张一兵：《无调式的辩证想象——阿多诺〈否定的辩证法〉的文本学解读》，生活·读书·新知三联书店2001年版，第114、339页。

的规律，认为“否定之否定就是肯定”，这个原则不是辩证法的经验实质，“辩证法的经验实质”是“他者对同一性的抵制，这才是辩证法的力量所在”[①]，所以，“否定的辩证法”的“否定就是绝对的否定，是不包含任何肯定性的否定”[②]。且不说这里已经体现了阿多诺“否定的辩证法”内在的矛盾，即一方面“并不否定一切”与另一方面又“不包含任何肯定”之间的矛盾，单就其“绝对的否定”和“不包含任何肯定”而言，就已经与奥尔曼“内在关系的辩证法”相去甚远了。按照“内在关系的辩证法”，任何事物都处在“内在关系”之中，且其本身就是一种“关系”，所以任何事物的过去、现在与可能的未来都是该事物本身的各个部分，它的过去为其现在创造前提，它的现在又在为其未来创造前提。“在内在关系哲学中，未来是现在的一个基本时期。它不仅是现在变成的东西，而且无论未来发生的是什么都作为潜在存在于现在之中，存在于现在的所有形式之中”[③]。这就表明，事物发展过程中的否定不可能是绝对的，否定之中必然包含着肯定，这恰如恩格斯所指出的，“在辩证法中，否定不是简单地说不，或宣布某一事物不存在，或用任何一种方法把它消灭。……我不仅应当否定，而且还应当重新扬弃这个否定。因此，我第一次否定的时候，就必须使第二次否定可能发生或者

① ［德］阿多诺：《否定的辩证法》，张峰译，重庆出版社 1993 年版，第 158 页。

② 同上书，中译本序，第 4 页。

③ ［美］奥尔曼：《辩证法的舞蹈——马克思方法的步骤》，田世锭、何霜梅译，高等教育出版社 2006 年版，第 154 页。

将有可能发生”[①]。但正因为阿多诺“否定的辩证法”中的“否定”是绝对的否定，所以，它对资本主义的批判和否定也就只是批判和否定，而没有肯定。换句话说，阿多诺只注重对资本主义旧世界的批判，而没有注意在批判资本主义旧世界的同时发现社会主义新世界。正如德国奥登堡大学斯蒂芬·缪勒·多姆所指出的，阿多诺虽然出生在大资产阶级家庭，却是“资产阶级社会最激烈的批判者”，但与将改造世界作为自己历史使命的马克思主义者不同，阿多诺更多的是将认识世界，即“把握世界的荒谬性，将世界从连续不断的暴力怪胎中展现出来”，确立为自己的历史任务[②]。所以，“阿多诺没有认识到，资本主义已经从资本家之间的自由竞争阶段发展到了垄断阶段，其中已经具有了很强的社会主义因素”[③]。而与此相反，正因为奥尔曼“内在关系的辩证法”强调事物发展过程的内在联系性，所以，他对当代资本主义的批判就根本不是为批判而批判，而是像马克思那样“只是希望在批判旧世界中发现新世界”[④]。用奥尔曼自己的话来说，他希望发现和揭示“我们的民主资本主义社会正在变成什么样子”[⑤]。而且，正如前面我们已经说过的，在批判当代资本主义旧世界的

① 《马克思恩格斯选集》第3卷，人民出版社1995年版，第484—485页。

② 参见张亮《“阿多诺诞辰100周年纪念暨国际学术研讨”综述》，《哲学动态》2004年第2期，第41—43页。

③ 张亮：《“崩溃的逻辑”的历史建构——阿多诺早中期哲学思想的文本学解读》，中央编译出版社2003年版，第12页。

④ 《马克思恩格斯全集》第1卷，人民出版社1956年版，第416页。

⑤ ［美］奥尔曼：《辩证法的舞蹈——马克思方法的步骤》，田世锭、何霜梅译，高等教育出版社2006年版，第4页。

过程中，奥尔曼确实发现，社会主义新世界已经以一种巨大而又尚未开发的潜在形式存在于资本主义旧世界之中。用我们通常的说法，就是一句话，即奥尔曼发现了“资本主义中很强的社会主义因素”。

其次，阿多诺“否定的辩证法”失去了对社会主义必然性的信心，而奥尔曼“内在关系的辩证法”却再次论证了马克思“两个必然”的结论。正因为阿多诺“否定的辩证法”只关注对资本主义的批判和否定，而不注重在批判中发现社会主义，没能够看到资本主义中已经存在的很强的社会主义因素，所以，虽然阿多诺对资本主义进行了“资产阶级社会最激烈的批判”，并“认为当代资本主义不过是资本主义发展的一个新的阶段，这个按照资本的原则全面组织起来的社会并没有改变资本主义必然灭亡的命运，而且，较之于自由资本主义时代，其危机也将更具毁灭性”，但他认为资本主义“‘自动的’毁灭却不再能够被预期了”[①]，甚而失去了对社会主义的信心。正如国内学者张亮副教授正确指出的：“虽然阿多诺在哲学无情的自我批判中寄托了自己对于人类命运无希望的希望，但归根结底，他对现代资本主义这个全面‘被管理的社会’的历史前景是悲观的。”[②] 相反，正如前文已经指出的，奥尔曼却从“内在关系的辩证法”的视角揭示了马克思关于“资本主义必然灭亡，社会主义

---

① 张亮：《作为思潮的“晚期马克思主义”》，《现代哲学》2002 年第 2 期，第 41—48 页。

② 张亮：《“崩溃的逻辑”的历史建构——阿多诺早中期哲学思想的文本学解读》，中央编译出版社 2003 年版，第 14 页。

必然胜利”的结论。工人阶级按照自己的阶级利益来“完全地永久地”解决资本主义社会固有的各种重大矛盾的方式，就表明了社会主义和共产主义取代当代资本主义的历史必然性。

最后，阿多诺“否定的辩证法”对资本主义的批判和否定只是一种理论上的批判和否定，而奥尔曼“内在关系的辩证法”则不仅从理论上对资本主义进行分析和批判，而且要求在实践上进行这种批判。虽然阿多诺“在头脑中始终是清楚的：一种哲学如果从来没有打算直面现实，哪怕它再深刻再玄妙，都是某种现实意识形态的同谋”，但是，“否定的辩证法”“说到底，它实际上只是一种理论姿态……一种空灵的精神……一种纯批判的‘上帝之城’，它根本无法回落到现实的土地上”[①]。这里再次体现了阿多诺内在的矛盾。于是，阿多诺“强烈地反对政治实践”[②]，“在马克思要求进入生产这个客体向度进行现实的革命的地方，阿多诺却进入了自然、作为对象的客体这个客体向度，主张进行批判、意识革命。……‘否定的辩证法’的解决之道就是通过恢复对自然的记忆来重建主体和客体的平等的、伙伴式的星丛关系，以打破理性的同一性强制”[③]。正是因为阿多诺对资本主义的批判只停留在理论

---

① 张一兵：《无调式的辩证想象——阿多诺〈否定的辩证法〉的文本学解读》，生活·读书·新知三联书店 2001 年版，第 87、241 页。

② 王凤才：《阿多尔诺：后现代主义的思想先驱》，《山东大学学报》（哲社版）2002 年第 5 期，第 50—53 页。

③ 张亮：《“崩溃的逻辑”的历史建构——阿多诺早中期哲学思想的文本学解读》，中央编译出版社 2003 年版，第 89 页。

上，同时却“强烈地反对政治实践”，所以，他本人最后竟然被作为一个“口头革命派”而遭到了学生军女战士的当庭羞辱①。与此相反，奥尔曼“内在关系的辩证法”却要求使存在于资本主义中的社会主义潜在“成为我们在阶级斗争中最有效的武器之一”，并“把这一武器交到工人阶级和其他受压迫的人们手中，教导他们如何使用这种武器”②。在他看来，真正使我们看到社会主义和共产主义必然性的，正是“工人阶级特殊的阶级利益，与资本主义条件下阻碍我们认识这些利益的任何障碍的废除”，而废除这种障碍并使工人阶级认识到其特殊的阶级利益的是“一次成功的革命”③。奥尔曼在运用马克思主义分析“神奇”的国家——日本时仍然坚持认为，“日本所需要的革命，不是资产阶级民主革命，而是社会主义革命”④。当然，这样的革命具体要走什么道路，则是另一个问题了。奥尔曼还特别明确地指出：“真正的马克思主义者不仅仅是共产党人、哲学家、历史学家，而首先应是革命者。他研究世界是为了改变世界。”⑤

被我国学者王逢振教授称为“当前最重要的马克思主

---

① 张一兵：《无调式的辩证想象——阿多诺〈否定的辩证法〉的文本学解读》，生活·读书·新知三联书店 2001 年版，第 16 页。

② ［美］奥尔曼：《辩证法的舞蹈——马克思方法的步骤》，田世锭、何霜梅译，高等教育出版社 2006 年版，第 219 页。

③ 同上书，第 214、213 页。

④ 同上书，第 276 页。

⑤ 《美奥尔曼教授在中国谈马克思主义》，http：//www. weiweikl. com/GYZC49. htm.

义批评家和理论家"[①] 的弗雷德里克·詹姆逊在1990年版的《晚期马克思主义》中，从20世纪70年代反对阿多诺的立场转变为拥护阿多诺，称阿多诺"否定的辩证法"为"90年代的辩证法模型"，并由此引发了阿多诺在20世纪90年代的复兴。我国学者张亮副教授对这种转变和复兴作了透彻的分析。他指出，由于受第三世界革命和中国"文化大革命"的激励，当时年轻的新"左"派坚信社会主义革命的高潮已经来临，资本主义的灭亡已经指日可待了，因此，真正革命的行动就是用理论去武装群众、去指导实践，从而让哲学在自己的世界化中消灭自身。而以阿多诺"否定的辩证法"为代表的后期西方马克思主义却对资本主义的未来持一种悲观的预见，拒绝采取行动，阿多诺的目的是希望人们看到，资本主义是一个具有顽强生命力的持久过程，突出了资本主义垂而不死的持久性。所以，在20世纪80年代早中期的詹姆逊眼中，阿多诺已然是一个过去时，因此晚期资本主义自然就是资本主义即将灭亡的第三阶段。而支撑詹姆逊作出这种选择的正是当时尚处于高潮之中的第三世界革命和发达资本主义世界内部正在展开的新社会运动。然而，随着资本的全球扩张和新自由主义的持续胜利，世界范围的社会主义运动终在20世纪80年代晚期进入历史上最黑暗的低潮期，这就迫使詹姆逊等晚期马克思主义者重新评估当代资本主义、调整自己的理论与政治姿态。正是在这种背景下，詹姆逊等人被迫退却到自己以前曾激烈反对的阿多诺的立场上，承认晚期资本

① 王逢振：《詹姆逊文集》第1卷，中国人民大学出版社2004年版，前言。

主义是一个长期的过程，而晚期马克思主义也因而必须是一种持久的当代需要，并将阿多诺“否定的辩证法”解读为“90 年代的辩证法模型”[①]。

张亮副教授的这种解释不仅让我们清楚了阿多诺“否定的辩证法”何以能够在 20 世纪 90 年代得到“复兴”，而且进一步证实了我们关于阿多诺“对资本主义的前景感到悲观，对社会主义的前途失去了信心”的判断。更有甚者，他还使我们清楚了，为什么在苏东剧变之前，我们很多人经常强调的是马克思的“两个必然”，而此后他们津津乐道的却是马克思的“两个决不会”；为什么在我国众人关注阿多诺，而对奥尔曼却少有研究。说穿了，就是大多数人只看到当代资本主义在全球的“蓬勃发展”，而忽视或不再能够看见当代资本主义固有的矛盾以及由这种矛盾所决定的它的必然结果。

奥尔曼的独特之处恰恰就在于这种“多人皆醉我仍醒”。他根本无意否认第二次世界大战以后，特别是 20 世纪 60—70 年代以后，世界资本主义进入了又一个繁荣发展的黄金时期，而社会主义却在走下坡路的事实；也根本不可能看不见苏东剧变以后，世界资本主义处于绝对强势地位，而社会主义却滑入了低谷、处于绝对弱势地位的现实。正如我国学者段忠桥教授指出的，包括奥尔曼“内在关系的辩证法”在内的“英美的马克思主义则是在苏东社会主义国家趋于解体和资本主义加速全球化进程的背景下

---

① 参见张亮《作为思潮的“晚期马克思主义”》，《现代哲学》2002 年第 2 期，第 41—48 页。

出现的”[①]。阿多诺《否定的辩证法》出版于 1966 年；奥尔曼《辩证法的舞蹈》出版于 2003 年，而且他的博士论文《异化：马克思关于资本主义社会中的人的理论》是在 1971 年出版的，按照奥尔曼自己的说法，从写作《异化》以后，他“关于辩证法的基本观点没有大的变化”[②]。可见，阿多诺“否定的辩证法”与奥尔曼“内在关系的辩证法”产生和形成的时代背景基本上是相同的。在基本相同的背景下，前者违背了论证资本主义暂时性和历史性的根本目的，转而“用心良苦”地希望人们认识当代资本主义的持久性；后者却矢志不渝、“用心良苦”地希望人们认识当代资本主义的暂时性。我们认为，在当今这种“一球两制、资强社弱”的现实背景下，要人们认识当代资本主义的持久性是一件十分容易的事情，倒是要人们坚信社会主义和共产主义仍然必将代替当代资本主义，要他们相信当代资本主义的暂时性已经不是一件容易的事情。这正如我国学者陈学明教授所指出的：“当今的主要危险不是人们看不到资本主义的生命力，而是在展开资本主义的生产力之时竟忘记了它总有一天还会被社会主义、共产主义所取代。”[③] 如此看来，更难能可贵的是奥尔曼虽身处当代发达资本主义的“庐山”之中，却依然能够识得此山真面

---

① 段忠桥：《20 世纪 70 年代以来英美的马克思主义研究》，《中国社会科学》2005 年第 5 期，第 47—56 页。

② ［美］奥尔曼：《辩证法的舞蹈——马克思方法的步骤》，田世锭、何霜梅译，高等教育出版社 2006 年版，第 IX 页。

③ 陈学明：《唯物史观与共产主义信念》，《浙江学刊》2006 年第 3 期，第 55—66 页。

目，而且还能“不辞辛劳地向世人传播真理的声音”[①]。有鉴于此，我们也认为，当今需要加以关注和重视的不是阿多诺“否定的辩证法”，而是奥尔曼“内在关系的辩证法”对当代资本主义的分析。

“辩证法的马克思主义”的另一个主要代表，美国纽约州立大学布法罗分校哲学系教授、芝加哥大学哲学博士、美国哲学学会马克思主义哲学研究会主席詹姆斯·劳勒认为，在关于共产主义[②]的研究方面，存在两种根本对立的方法：虚无主义的方法和辩证的方法。前者信奉的是要么是资本主义要么是共产主义这样一种抽象的非此即彼的逻辑，否认资本主义与共产主义之间的内在联系，其结果就是“虚无主义的共产主义”；后者则认为共产主义形成于资本主义的母体之中，其结果便是“辩证的共产主义”。劳勒批判了萨特主张彻底否定物化的或拜物教化的资本世界的“存在主义的马克思主义”，认为其实质上只是一种“虚无主义”；批判了马尔库塞对现代资本主义异化世界的“大拒绝”，认为它否定了资本主义内部的任何辩证否定的可能性；批判了阿尔都塞一面全然

---

① ［美］奥尔曼：《市场社会主义——社会主义者之间的争论》，段忠桥译，新华出版社 2000 年版，中译本前言，第 2 页。

② 在劳勒看来，将马克思所说的共产主义低级阶段称为“社会主义”是“一种不适当的语言用法，因为它以共产主义是未来的一种理想这种传统的观点，制造了‘现实的社会主义’和‘纯粹的共产主义’之间的分离，从而引发了所有与这种思想相关的问题”（［美］詹姆斯·劳勒：《马克思的共产主义阶段理论》，段忠桥、吕梁山译，《中国特色社会主义研究》2004 年第 6 期，第 52—56 页）。所以，在劳勒的话语中，我们所说的“社会主义”仍然是共产主义的低级阶段。

是资本主义组织结构的现实世界一面是某种同资本主义的断裂而产生出来的新的结构性组织这样的将资本主义和社会主义"一刀两断的决裂"，认为他只是在强调"对资本主义的捣毁"，而没有能够看到资本主义与共产主义之间的"对立面的统一"；还批判了"分析的马克思主义"的主要代表科亨，认为他追随了阿尔都塞，对对立的肯定排除了连续性，忽视了对立面的统一，从而将资本主义与共产主义仅仅当成了两种分离的且截然不同的生产方式，使共产主义似乎成了一种乌托邦的反社会[①]。总之，在劳勒看来，按照上述观点，资本主义在本质上就只是被消极地看成一种祸害，一种将要被消灭并为一个美好社会即共产主义社会所取代的社会，而共产主义者的任务就在于否定资本主义以及与资本主义相关的一切事物。基于这种观点之上的共产主义即是一种"虚无主义的共产主义"，而这样的共产主义只能是一种纯粹的乌托邦。劳勒坚持认为，"在哲学层次上，马克思的共产主义构想是'辩证的'而不是'虚无主义的'"[②]，而以马克思主义辩证法来认识资本主义，我们就会将注意力集中在什么是资本主义中的积极的东西上，并帮助这样的积极的东西像子宫中的婴儿一样成长和壮大。他说："共产主义新世界的母体是资本主义自身。成长于资本主义母体中的婴儿是共产主义，它是逐渐在其母体中形成

① 参见［美］劳勒《马克思主义哲学和共产主义》，载欧阳康：《当代英美哲学地图》，人民出版社2005年版，第660—671页。

② ［美］劳勒：《马克思主义哲学和共产主义》，载欧阳康：《当代英美哲学地图》，人民出版社2005年版，第635页。

并从其母体获取力量的。”[①] 因此，如果我们要“去理解共产主义”，就不是要“去把它当作本质上与资本主义分离开的东西而同资本主义相对照。去理解共产主义就是去理解资本主义本身，因为资本主义的动态变迁或演化包括着共产主义的出现”[②]。显然，劳勒看到并强调了资本主义与共产主义之间的内在联系。由于资本主义本身的继续存在与发展在某种意义上有赖于它对共产主义要素的融合能力，因此在资本主义母体中就逐渐产生并发展着许多共产主义的因素：19 世纪前期英国把妇女和儿童的劳动时间限制到一天 10 小时的《工厂法》就确立了资本主义中的共产主义方向或维度；19 世纪和 20 世纪期间，西方工业资本主义出现了包括免费的公共教育、国民卫生保健、国民养老金计划，以及进一步限制劳动时间的法律和通过工会来确立劳动者加入工会的条件等等共产主义因素；而在为全球资本主义企业所统治的当今全球资本主义大发展的世界中，虽然全球性的跨国公司严重限制着那些也许在特定国家能够掌权的社会主义者或趋向社会主义的政府的力量，但是，由于这种跨国公司拥有的全球性权力巨大，并且几乎垄断了某些基本的商品，所以，为了人类的利益，它就必然要为国家和国际组织的舆论所控制，这样一来，导致 19 世纪特定西方国家资本主义中出现共产主义的动力，也不可避免地

① ［美］劳勒：《马克思的共产主义阶段理论》，段忠桥、吕梁山译，《中国特色社会主义研究》2004 年第 6 期，第 52—56 页。

② ［美］劳勒：《马克思主义哲学和共产主义》，载欧阳康：《当代英美哲学地图》，人民出版社 2005 年版，第 644 页。

会在21世纪产生[①]。由此，按照劳勒的观点，现代资本主义社会从某种理论角度来看，可以被称为“混合的资本主义”社会[②]，即由资本主义和共产主义要素组合而成的社会，只不过是以资本主义要素为主导成分而已。所以，正如马克思自己所说的，“工人阶级不是要实现什么理想，而只是要解放那些由旧的正在崩溃的资产阶级社会本身孕育着的新社会因素”[③]，马克思自己也不是像阿基米德那样在外空寻找支点来移动世界，而是在资本主义范围之内来寻找并发现了批判和改变资本主义的阿基米德点。也正是基于此，劳勒认为马克思的共产主义包括三大阶段：资本主义之中的共产主义；资本主义和共产主义之间的共产主义；严格意义上的共产主义[④]。

劳勒的论述，似乎证明了奥尔曼关于当代资本主义中存在着巨大的社会主义“潜在”的观点。然而在劳勒看来，既然共产主义是从资本主义中产生的，且资本主义已经对市场进行了诸如《十小时工作日法案》这样有意识的社会管理，那我们就没有必要为了达到共产主义的最初形式而消除市场，所以，不仅在资本主义和共产主义之间的共产主义阶段仍然存在市场，其中较低级的小阶段存在共产主义企业与资

① ［美］劳勒：《马克思的共产主义阶段理论》，段忠桥、吕梁山译，《中国特色社会主义研究》2004年第6期，第52—56页。

② ［美］劳勒：《马克思主义哲学和共产主义》，载欧阳康：《当代英美哲学地图》，人民出版社2005年版，第630页。

③ 《马克思恩格斯选集》第3卷，人民出版社1995年版，第60页。

④ ［美］劳勒：《马克思的共产主义阶段理论》，段忠桥、吕梁山译，《中国特色社会主义研究》2004年第6期，第52—56页。

本主义企业之间在规范市场中的竞争，不同的是这一市场要受到无产阶级专政的指导，以保护并有利于共产主义企业的发展，其中较高级的小阶段甚至是严格意义上的市场社会主义阶段，此时资本主义企业已被在规范的社会主义市场中运营的共产主义企业所取代，而且在严格意义的共产主义的低级阶段——即马克思在《哥达纲领批判》中所讲的共产主义低级阶段，还将存在弱化了的市场生产，即使从这一概念的完整意义上讲不应被叫做市场生产，只有在其高级阶段——即马克思在《哥达纲领批判》中所讲的共产主义高级阶段上市场才会完全被消除。而在奥尔曼看来，虽然在从资本主义到社会主义的过渡时期仍然存在市场，但作为后发达资本主义的社会主义即共产主义的低级阶段，社会主义社会不能允许市场经济的存在，对于社会主义而言，市场就像一个“绞肉机”。劳勒说：“虚无主义的共产主义因而对市场采取全然否定的态度。”[①] 如果依照劳勒的这种观点，奥尔曼也似乎成了一名“虚无主义的共产主义”者。如果得出这种结论，那显然是不符合事实的。另外，劳勒还认为，奥尔曼只认识到了共产主义“景象”与对资本主义的“分析”之间的“内在联系”，而没有认识到资本主义与共产主义之间的内在联系。而既然资本主义与共产主义之间存在内在联系，那共产主义就必须是在某种含义上内在于资本主义的东西，“但是奥尔曼拒绝这个观点”[②]。我们必须指出，劳勒对奥尔曼的

---

① ［美］劳勒：《虚无主义的共产主义与辩证的共产主义》，段忠桥、吕梁山摘译，《国外理论动态》2006 年第 2 期，第 6—9 页。

② ［美］劳勒：《马克思主义哲学和共产主义》，载欧阳康：《当代英美哲学地图》，人民出版社 2005 年版，第 673 页。

这种判断也是不准确的。因为，正如我们在前面已经看到的，奥尔曼充分肯定了资本主义与社会主义和共产主义即劳勒意义上的共产主义低级和高级阶段与资本主义之间的内在联系，社会主义和共产主义内在于资本主义之中，这是由于按照“内在关系的辩证法”，社会主义和共产主义本身就是资本主义是什么的一部分，而我们的任务和目的是通过对资本主义的辩证分析将“隐藏”于其中的社会主义和共产主义揭示出来。

需要说明的是，关于“资本主义中的社会主义因素”的说法国内学术界早已耳熟能详。例如，我国学者赵家祥教授在比较了马克思恩格斯思想与列宁的思想以后，得出了“我们可以断定，在资本主义社会内部可以自发地孕育和形成社会主义因素的观点，是一个马克思主义观点。我们应该清除过去的误解，理直气壮地肯定这一点”[①] 的结论；吴江教授根据目前发达资本主义国家的实际，在《民营经济未必不能培育社会主义因素》一文中指出：“现在发达的资本主义国家里正在实现着和发展着的下述措施，如对资本所得采取高额累进税（以老牌资本主义国家英国为例，这个国家个人所得的最高税率为 60%—80%。遗产税的累进税率也在15%—50%，被称为‘抽肥补瘦’之法……），以及分配方面的一定的社会化，日益完善的社会生活保障制度和福利制度等，证明资本主义胚胎内新社会因素的积累增长”[②]；靳

---

① 赵家祥：《资本主义社会内部是否能够孕育和形成社会主义因素？（下）》，《北京行政学院学报》2005 年第 2 期，第 41—44 页。

② 参见赵家祥《资本主义社会内部是否能够孕育和形成社会主义因素？（上）》，《北京行政学院学报》2005 年第 1 期，第 47—50 页。

辉明教授等主编的《当代资本主义新论》也认为，“战后资本主义发展的事实证明，当代资本主义在对生产关系和上层建筑的具体形式以及国家体制模式进行调整的同时，也在产生一系列促使‘旧的生产方式解体的各种要素’，形成越来越多的‘新的经济制度因素’。半个世纪以来，当代资本主义发生的重大变化之一，就是在资本主义母体内，出现了越来越显著、越来越充分的新的社会因素。这些因素可以归纳、概括为以下几个方面：合作经济……社会保障制度……职工参与企业管理的制度……三大差别的逐渐消失……社会主义思想道德的孕育和发展”①；胡振良教授认为当代资本主义内部的社会主义因素在逐渐增多，韩云川教授甚至认为当代资本主义内部存在大量的社会主义因素，如，在欧盟，医疗免费、教育免费、国家对生活比较困难的人进行救济，美国的救济也是很高，这些都是社会主义因素存在的表现②；等等。

虽然马克思说过“工人阶级不是要实现什么理想，而只是要解放那些由旧的正在崩溃的资产阶级社会本身孕育着的新社会因素”③，但我们认为，“资本主义中的社会主义潜在”比“资本主义中的社会主义因素”可能更为恰切一些，因为，正如我国学者邓晓芒教授所说的，“潜在，本来就是还没有存在，还只是可能性，而非现实，还未实

---

① 靳辉明等：《当代资本主义新论》，四川出版集团、四川人民出版社2005年版，第560—569页。

② 孟鑫等：《多元视角分析当代资本主义社会——〈当代资本主义研究〉学术研讨会纪实》，《科学社会主义》2006年第4期，第112—116页。

③ 《马克思恩格斯选集》第3卷，人民出版社1995年版，第60页。

现出来”[①]。诸如上述那些“因素”并非已经是社会主义的现实因素，它们仍然只是资本主义的现实构成要素，只是从其发展的潜在趋势上看，它们是社会主义的因素。即便是将二者等同起来，我们也可以说，在“资本主义中到底有没有社会主义的潜在”或者说“资本主义中到底有没有社会主义的因素”的问题还没有一致见解的时候——例如，德国89岁高龄的贝格曼教授在2004年11月29日下午于中国人民大学进行讲座时，在回答提问的过程中就明确肯定，他“不认为资本主义社会中会有社会主义因素。……资本主义仍然是资本主义”——，处于发达的资本主义国家美国之中的奥尔曼（及其所代表的“辩证法的马克思主义”学派）对这个问题作出的肯定回答和对“资本主义中的社会主义潜在”的突出和强调本身就具有了十分重要的理论和实践意义。而且，我们认为，奥尔曼等人在发达资本主义国家对“资本主义中的社会主义潜在”的肯定、突出和强调要比我国学者在社会主义国家对“资本主义中的社会主义因素”的肯定具有更加突出的现实意义。

还需要着重说明的是，虽然奥尔曼认为社会主义已经以一种巨大的潜在存在于当代资本主义之中了，但我们绝对不能由此以为奥尔曼是一个伯恩施坦式的“和平长入社会主义”者。因为，尽管按照“内在关系的辩证法”，当代资本主义发展到未来的社会主义和共产主义是一个当代资本主义“自否定”的过程，但真正使我们看到社会主义

① 邓晓芒：《黑格尔辩证法讲演录》，北京大学出版社2005年版，第62页。

和共产主义必然性的正是“工人阶级特殊的阶级利益，与资本主义条件下阻碍我们认识这些利益的任何障碍的废除”[①]。而废除这种障碍并使工人阶级认识到其特殊的阶级利益的是“一次成功的革命”[②]。奥尔曼还特别明确地指出：“真正的马克思主义者不仅仅是共产党人、哲学家、历史学家，而首先应是革命者。他研究世界是为了改变世界。”[③] 他在运用马克思主义分析“神奇”的国家——日本时还坚持认为，“日本所需要的革命，不是资产阶级民主革命，而是社会主义革命”[④]。当然，这样的革命需要走什么样的道路，那是另一个问题了。而且，奥尔曼在谈及马克思关于美国、英国与荷兰等三个国家可以民主地转入社会主义的论断时，特别明确地指出过：“不要混淆了民主过渡与和平过渡。民主过渡到一定程度就不再可能是和平过渡了。如智利开始了民主过渡，阿连德取胜后，资本家就组织了政变。在资本主义国家中，民主过渡是由资本家控制的，只有在资本家能赢得选举时才相信民主。如果他们输给社会主义政党时，他们就只相信私有财产和权力并采取政变的方式”，并告诫说“民主很重要，在可能时应利用民主达到社会主义，但应警惕对方在某一程度上，就

① ［美］奥尔曼：《辩证法的舞蹈——马克思方法的步骤》，田世锭、何霜梅译，高等教育出版社 2006 年版，第 214 页。

② 同上书，第 213 页。

③ 《美奥尔曼教授在中国谈马克思主义》，http：//www. weiweikl. com/GYZC49. htm.

④ ［美］奥尔曼：《辩证法的舞蹈——马克思方法的步骤》，田世锭、何霜梅译，高等教育出版社 2006 年版，第 276 页。

不可能民主了"[①]。

三 后发达资本主义的社会主义

虽然奥尔曼一直强调，运用"内在关系的辩证法"，按照"现在—过去—未来—现在"的路径在资本主义现在中揭示的社会主义和共产主义未来都只是一种"高度的可能"，但我们认为，决不能由此否认从某些方面对社会主义和共产主义加以规定尤其是其质的规定的可能性。否则，我们对社会主义和共产主义的认识就仍然只能是混沌的。果真如此，社会主义和共产主义的吸引力又在哪里呢？由于马克思对未来社会主义的认识是建立在唯物史观和辩证法的科学基础之上的，所以，虽然由于时代的局限以及其他多种原因，马克思不可能也确实没有给未来的社会主义和共产主义以详尽的描绘，更不可能也确实没有给出实现和建设社会主义和共产主义的完整详尽的方案，但他对社会主义和共产主义本质特征的认识是科学的、一定的，而不只是一种高度的可能，其中最主要的是建立在高度发展的社会生产力基础之上的社会主义的生产资料公有制及其决定的按劳分配和人民民主以及共产主义中所有人的全面而自由的发展。毛泽东同志说："主义譬如一面旗子，旗子立起了，大家才有所指望，才知所趋赴。"[②] 同

---

① 参见《美奥尔曼教授在中国谈马克思主义》，http://www.weiweikl.com/GYZC49.htm.

② 金冲及：《毛泽东传》（1893—1949），中央文献出版社1996年版，第66页。

样，只有坚持社会主义和共产主义的本质特征，我们才能完全明确社会主义和共产主义的方向，“才有所指望，才知所趋赴”。显然，奥尔曼作为一位坚定的马克思主义者，不可能不知道这种道理。看来，他之所以强调社会主义和共产主义未来只是一种“高度的可能”，主要目的在于表明，我们不可能准确知道社会主义完全取代资本主义以及共产主义完全实现的时间和其中的细节。而且，奥尔曼还明确地说过：“如果人们要投身于推翻资本主义的极为困难的工作，他们就需知道，至少从一般的意义上讲，替代资本主义的将是一个什么样的社会”①，而且，“相对来说，出现了资本主义，我们就可以弄清楚社会主义和共产主义是什么样子。在资本主义出现并发展后，我们有史以来第一次有可能创造社会主义和共产主义。不仅如此，现在相对说来更易于创造社会主义”②。因此，我们可以透过奥尔曼的相关论述，从中抽象出对于社会主义和共产主义未来的本质性规定。

我们在前面已经看到，按照“内在关系的辩证法”，社会主义已经以一种巨大的“潜在”形式存在于当代资本主义之中了。但还不止于此。随着当代资本主义的发展，社会主义终究会完全取代当代资本主义。因为，按照“内在关系的辩证法”，“任何事物的过去和可能的未来都是它

---

① 段忠桥、江洋编译：《马克思主义、市场经济与当代世界——伯特尔·奥尔曼教授访谈录》，《当代世界与社会主义》2004 年第 3 期，第 152—155 页。

② 参见《美奥尔曼教授在中国谈马克思主义》，http：//www. weiweikl. com/GYZC49. htm.

现在是什么的一部分”。既然如此，那么当代资本主义的过去即前资本主义和资本主义本身此前的发展，以及当代资本主义的未来即社会主义和共产主义，也就是当代资本主义本身的一部分，当代资本主义必然由前资本主义和此前的资本主义本身走来，也必然向社会主义和共产主义走去。因此，当代资本主义与社会主义之间的关系是内在的，当代资本主义是社会主义的前提，而社会主义是当代资本主义的必然结果。之所以社会主义不是当代资本主义的“可能的未来”而是其“必然结果”，是因为“工人阶级特殊的阶级利益，与资本主义条件下阻碍我们认识这些利益的任何障碍的废除一起，使我们看到了多数的社会主义必然性”①。最为重要的是，以这种“内在关系的辩证法”来审视社会主义，我们可以发现，社会主义是“后资本主义的社会主义”。正如奥尔曼所说的，“我们现在讨论的是资本主义以后会出现什么”；“社会主义的经济计划的可能性”的“必要的前提条件……是一种来自先于它的资本主义社会的遗产”；马克思在很大程度上正是通过对资本主义中充满的表明社会主义可能性的因素的分析，才能在现在中抓住“未来的闪光”②。而且这里的“当代资本主义”并非任何发展程度上的资本主义，而是发达的资本主义。因为，这里所说的社会主义是工人参加了一次成功的革命以后的事，而这一革命“要以资本主义生产一般说来

---

① ［美］奥尔曼：《辩证法的舞蹈——马克思方法的步骤》，田世锭、何霜梅译，高等教育出版社 2006 年版，第 214 页。

② ［美］奥尔曼：《市场社会主义——社会主义者之间的争论》，段忠桥译，新华出版社 2000 年版，第 124、127、177 页。

已把劳动生产力发展到能够发生这一革命的必要高度为前提”[①]；“马克思的社会主义观主要产生于他对资本主义主要矛盾及其在新的统治阶级即工人阶级手中可能的解决方式的思考……从资本主义继承而来的祛除了其资本主义形式的物质的和社会的条件是这一时期进行的多数变革的必要手段。所以，那种认为社会主义代替资本主义的目的在于实现社会的工业化的观点是完全没有马克思的文本依据的”[②]；第三世界国家“并不拥有我们在发达资本主义世界拥有的使社会主义成为可能的物质的和社会的前提条件”，“只有发达资本主义国家的社会主义革命，才能创造出使那些其政权已宣布赞同社会主义的不发达国家向着这一方向取得实质性进步的条件”[③]。由此我们不难发现，那种关于奥尔曼“根本违背马克思揭示的人类社会发展规律”、是“唯心主义和形而上学”的指责是站不住脚的，也是不公正的。

既然奥尔曼强调社会主义是发达资本主义基础之上的社会主义，那就说明，他根本就无意否认资本主义市场经济对于发展社会生产力的“巨大历史作用”。相反，我们倒是看到了他关于“资本主义的巨大成就”的肯定，他甚至批评市场社会主义“完全”“忽视”了“我们在后资本

---

① ［德］马克思：《剩余价值理论》第2册，人民出版社1975年版，第661页。

② Bertell Ollman：“Communism：Ours，Not Theirs”，http：//www.nyu.edu/projects/ollman/docs/communism-ours.php.

③ ［美］奥尔曼：《市场社会主义——社会主义者之间的争论》，段忠桥译，新华出版社2000年版，第130页。

主义社会力图建设社会主义中会拥有的全部有利条件”[①]。由此看来，那种利用市场经济使资本主义取得的“新的很大发展”来批判奥尔曼“市场更像一个绞肉机”论断的做法本身是没有说服力的。更何况这种“新的很大发展”不只是市场经济的结果，它也是资本主义国家借鉴社会主义经济计划对市场经济进行了“干预和调节”的结果。然而，另一方面，奥尔曼敏锐地看到，“当前，资本主义的中心问题是找到足够的有利可图的投资机会和为迅速增长的被生产出来的价值量找到新市场，这个问题已达到危机的程度”；他痛切地看到了“社会和经济的不平等、失业、闲置的机器和工厂、生态环境的破坏、普遍的腐败和过分的贪婪这些市场经济不可避免的副产品”；他还看到，“马克思分析的资本主义的基本矛盾仍然存在，并且更加恶化，因而社会主义必然会成功。尽管美国人民还没有意识到这一点，但事实是两极分化更加厉害，越来越多的千万富翁已经取代了过去的百万富翁。还有一个有趣的现象：当今世界上有两个地方遭受压迫和饥饿最厉害，一个是非洲，一个是美国。前者是人所共知，后者却令人惊讶”。正如靳辉明教授所说的，“奥尔曼教授长期生活在发达资本主义环境中，切身感受到市场经济给社会带来的严重问题，所以他对资本主义市场经济深恶痛绝，在资本主义世界大声疾呼资本主义行将灭亡，代替它的必然是社会主义”[②]。可

---

① ［美］奥尔曼：《市场社会主义——社会主义者之间的争论》，段忠桥译，新华出版社 2000 年版，第 126—127 页。

② ［美］奥尔曼：《市场社会主义——社会主义者之间的争论》，段忠桥译，新华出版社 2000 年版，中译本前言，第 2 页。

见，指责奥尔曼“完全脱离了当代美国的社会发展具体实际和美国人民当前的真正需要”是不恰当的。

关于社会主义应该实行什么样的经济体制的问题，是一个十分重要且英美马克思主义学者争论比较激烈的问题。奥尔曼并不否认马克思关于在社会主义革命刚刚结束后，大部分的市场还将继续起作用的预见，但他认为，我们最好将社会主义革命后最初的几十年“理解为向社会主义的一个过渡”，而“作为一个过渡，它既包含社会主义的东西也包含资本主义的东西”，只是“因为它太短了，而且它变化的太快，以致不能把它视为一个独立的阶段”①。一旦“在全部生产资料都被置于整个工人阶级的控制之下”，社会主义就能根据“各尽所能，按劳分配”的原则来组织了。这时，社会主义就应当而且可以实行计划经济。

奥尔曼之所以认为社会主义应当用计划经济取代市场经济，是因为：第一，市场在社会主义条件下也不能消除其在资本主义条件下的神秘化作用。如果在社会主义社会搞市场经济，那么，无论怎样限制，商品、劳动力，在一些形式中甚至资本的买卖活动将继续进行。货币继续是人们和他们想要的东西之间的媒介，就如同在资本主义下一样。这样，市场对生产、分配、消费、货币以及国家和政治等等的神秘化作用就不能消除。而由于对货币、竞争、人性和市场本身，以及对市场的真实过去和改变它的可能

① ［美］奥尔曼：《市场社会主义——社会主义者之间的争论》，段忠桥译，新华出版社2000年版，第136页。

的混淆，人们将既不能建设社会主义，也不能始终如一地按照它的准则来生活。第二，产生于市场交换活动的意识形态与社会主义格格不入，也不利于形成社会主义意识。人们在市场交换中进行的活动将会产生出有关我们自身、货币、产品、社会关系以及社会本质的观念。有必要指出的是，在奥尔曼看来，"无疑，在资本主义以前就存在商品交换，某些进行这种活动的地方被称作'市场'，但不是每一个生产剩余产品并进行某种交换的社会都能被说成拥有市场。……对一个社会而言，要拥有在经济中起作用的市场，仅仅生产出某些用于交换的剩余产品是不够的。只有当一部分物品是为了销售的目的而生产它们的时候，才值得谈市场，在这一点上，我们还可以看到出现于前资本主义社会形态裂缝中的资本的最初征兆"[①]。由此看来，只有在资本主义社会中，市场与资本才占有统治地位。正是在这种意义上，奥尔曼才说，上述那些产生于市场交换活动的"和个人主义有关的观念，包括自由选择、货币万能、贪婪、竞争及相互冷漠，构成了资产阶级意识形态的核心"，而"这些观念以及伴随其产生的情感，恰恰是与"社会主义生活所要求的即社会主义社会得以运行所要求的"像协作、团结和互相关心这样的观念和情感背道而驰的"[②]。因此，只要市场的思想方法和情感通过人们交换的

① ［美］奥尔曼：《市场社会主义——社会主义者之间的争论》，段忠桥译，新华出版社 2000 年版，第 206—207 页。

② 段忠桥、江洋编译：《马克思主义、市场经济与当代世界——伯特尔·奥尔曼教授访谈录》，《当代世界与社会主义》2004 年第 3 期，第 152—155 页。

经历天天得到加强，社会主义的思想情感，以及由此而来的各方面的社会主义实践就不能长久地继续下去。第三，市场与资本积累、剥削、异化以及阶级斗争有着有机的联系，市场还对诸如经济危机、失业、贫富两极分化、生态环境破坏、过分的贪婪和腐败等等很多严重的社会问题负有责任。有鉴于此，奥尔曼指出，资本主义的本质就在于市场关系，“只有形成了对所有市场关系的拒绝，人们才能转向社会主义”①。他还说：“消除异化是一个长期的过程，是社会主义社会发展中的核心任务。社会主义社会当然有许多特征，但最根本的特征就是使人不断脱离异化状态，最后达到共产主义。”② 而根据他的观点，不消灭市场关系，也就不可能消除异化。我们只有在这种意义上才能理解奥尔曼关于“市场更像一个绞肉机”的论断。

奥尔曼之所以认为社会主义可以用计划经济取代市场经济，是因为：第一，资本主义社会已经为后资本主义的社会主义实行计划经济创造了必要的前提条件。奥尔曼强调指出，“出现在资本主义之后、作为社会主义成功的一个重要先决条件的社会主义计划，拥有先进的工业上的和组织上的发展优势、高技术的受过教育的工人阶级，相对丰富的物质基础和普遍存在的民主决策的传统”，“这里有充裕的消费品和物质资料供应、科学技术和需要更多造就的技术工人”，这里“几乎不存在造成重大估算错误的可

---

① ［美］奥尔曼：《市场社会主义——社会主义者之间的争论》，段忠桥译，新华出版社 2000 年版，第 129 页。

② 杨金海：《美国奥尔曼教授谈异化问题》，《国外理论动态》1995 年第 7 期，第 49—54 页。

能，或在造成错误时也几乎不存在遭受巨大物质损失的可能”①。第二，社会主义社会的工人已经不同于现在的工人。由于社会主义社会的工人已经参加了一次成功的革命，而这种革命要想成功，“工人就必须成为具有阶级意识的人，这种阶级意识包括，在其他事物中认识到他们的共同利益、发扬更大的互相关心、变得更加合作，已经对政治事物有更强烈的兴趣和对他们如何参与政治事物有更强的个人责任感”，“新的条件和新的经历会使人们产生新的品质”，所以，社会主义革命成功以后的社会主义社会中的工人与我们现在看到的工人是不同的，“他们将想做而且也能够做今天大多数工人不想做和不能做的事”②。总之，后资本主义的社会主义已经具备了实行计划经济的主观和客观条件。还有必要指出的是，奥尔曼所说的计划是“民主的中央计划”，它存在于国家、地区、城市、企业和世界范围等不同层次，以致过去很多在苏联由中央计划者采取的决定，将被移交给处于与计划的成功所要求的行为更协调的层次的计划者。于是，他坚决反对将社会主义社会的计划与曾在苏联模式的经济中存在过的中央计划混为一谈。实际上，苏联也不存在上述前提条件。“从占上风的苏联的失败的论点看社会主义，是不管哪里的反社会主义者都更喜欢的策略”，但“一旦我们认识到社会主义计划进行中的有利条件和将参与它的工人的改变了的特征，

---

① ［美］奥尔曼：《市场社会主义——社会主义者之间的争论》，段忠桥译，新华出版社 2000 年版，第 123 页。

② 同上书，第 124 页。

我们就能发现那种常常做出的与苏联计划的比较是多么荒谬”[①]。可见，那种用苏联计划经济的失败来反驳奥尔曼肯定计划经济、否定市场经济观点的做法是不合适的。

显然，奥尔曼批判和否定市场经济的观点，主要针对的是试图在后发达资本主义的社会主义社会搞市场经济的市场社会主义论，虽然奥尔曼确实也说过，他对市场的所有批判“全都适用”那些已在力图建构它们自己的市场社会主义模式的第三世界国家，但我们绝没有理由认定，他对市场经济的批判和否定“是指向中国共产党关于建立和发展社会主义市场经济的科学观点和中国的市场取向的社会主义改革的”。相反，奥尔曼明确地表示过西方马克思主义者对中国搞社会主义市场经济的做法的理解[②]。也许马上就会有同志提出质疑，因为，奥尔曼虽然明确地表示过西方马克思主义者对中国搞社会主义市场经济的做法的理解，但这并不表明奥尔曼本人也理解中国的社会主义市场经济。然而，在我们看来，奥尔曼本人也必然会理解中国的社会主义市场经济，因为，实际上，我们完全可以运用奥尔曼“内在关系的辩证法”对我们中国的社会主义市场经济作出合理的说明。

我们认为，邓小平同志的“南方谈话”和党的十四大使中国共产党“在马克思主义发展史上，第一次创立了社会主义市场经济的理论”，对马克思主义的社会主义理论

---

① ［美］奥尔曼：《市场社会主义——社会主义者之间的争论》，段忠桥译，新华出版社 2000 年版，中译本前言，第 172、125 页。

② 徐小苗、杨双：《伯特·奥尔曼谈西方十大马克思主义流派》，《马克思主义研究》1995 年第 1 期，第 105—108 页。

和市场经济理论都作出了突破性的贡献；“经过二十多年坚持不懈的成功探索，我们已经初步建立了社会主义市场经济体制，……它推动我国经济持续稳定地快速增长……短缺经济已成历史，人民的生活水平有了较大的提高，社会全面发展进步。……建立和发展现代市场经济，使中国社会主义获得了新的巨大的生机和活力”的雄辩事实；高度认同“实行改革开放，发展市场经济成为社会主义发展和自我完善的强大动力，是社会主义的中国实现民族振兴、国家富强、人民幸福的必由之路、胜利之路”①的真理性。作为中国人，我们为自己的祖国在社会主义现代化建设的伟大事业中所取得的举世瞩目的成就而感到振奋和自豪。

但是，根据奥尔曼的“内在关系的辩证法”，“社会的每一阶段从先前阶段汲取的东西和它包含的其后阶段的潜在的可能，都和它的更直接看得出的特征一样，是它现在的一个部分。实际上，过去、现在和未来在制约我们的方方面面中是如此紧密地相互联结的，以致不是严重的歪曲是不能把它们完全相互割裂开来的”②。因此，我们同样必须正确认识的是，我国的社会主义实际上是建立在半殖民地半封建社会的基础之上的，是基于“双半社会”之上的社会主义。很显然，“双半社会”是不具有奥尔曼所说的“在发达资本主义

① 奚广庆：《评美国“学院左派”奥尔曼否定市场经济的观点》，《社会科学研究》2005年第3期，第1—6页。

② ［美］奥尔曼：《市场社会主义——社会主义者之间的争论》，段忠桥译，新华出版社2000年版，第126页。

世界拥有的使社会主义成为可能的物质的和社会的前提条件”[①] 的。我国现阶段的社会主义不是马克思和奥尔曼意义上的后发达资本主义的社会主义，而是初级阶段的社会主义，用邓小平同志的话说就是“现在虽说我们也在搞社会主义，但事实上不够格”[②]。在初级阶段的社会主义社会，我们需要遵循经济发展的客观规律，大力发展社会主义市场经济，以实现经济的市场化、社会化和现代化。

四　“我们的”而不是“他们的”共产主义

邓小平说：我国的社会主义初级阶段至少需要一百年的时间，而“巩固和发展社会主义制度，还需要一个很长的历史阶段，需要我们几代人、十几代人，甚至几十代人坚持不懈地努力奋斗”[③]。虽然小平同志是就我国的情况说的，但我们可以由此得知，共产主义在全人类的实现是十分遥远的未来的事情。然而，这同样不意味着我们不能对未来的共产主义社会作出本质性的规定。实际上，固然马克思和恩格斯说过，“在将来某个特定的时刻应该做些什么，应该马上做些什么，这当然完全取决于人们将不得不在其中活动的那个既定的历史环境。但是，现在提出这个问题是不着边际的，因而实际上是一个幻想的问题，对这个问题的唯一的答复应当是对问题本身的批判”，“无论如

---

① ［美］奥尔曼：《市场社会主义——社会主义者之间的争论》，段忠桥译，新华出版社 2000 年版，第 130 页。

② 《邓小平文选》第 3 卷，人民出版社 1993 年版，第 225 页。

③ 同上书，第 379—380 页。

何，共产主义社会中的人们自己会决定，是否应当为此采取某种措施，在什么时候，用什么方法，以及究竟是什么样的措施。我不认为自己有向他们提出这方面的建议和劝导的使命。那些人无论如何也会和我们一样聪明"[①]，但这些论断仅仅表明不能对未来的共产主义社会作出详细的描绘，所以他们还是对共产主义社会作出了本质上的规定：共产主义社会是"在保证社会劳动生产力极高度发展的同时，又保证人类最全面的发展这样一种经济形态"[②]；共产主义是一个自由人的联合体，"代替那存在着阶级和阶级对立的资产阶级旧社会的，将是这样一个联合体，在那里，每个人的自由发展是一切人的自由发展的条件"[③]。为了探究代替当代资本主义的未来社会主义和共产主义社会的本质，奥尔曼不仅运用"内在关系的辩证法"，潜心研究了社会主义，而且运用这样的辩证法专门研究了马克思的共产主义观，写下了《共产主义：我们的，而不是他们的》一文，并在《社会的和性别的革命》一书中单辟一章来论述马克思的共产主义观，论述"我们的"共产主义[④]。

---

① 《马克思恩格斯选集》第4卷，人民出版社1995年版，第643、642页。

② 《马克思恩格斯全集》第19卷，人民出版社1963年版，第130页。

③ 《马克思恩格斯选集》第1卷，人民出版社1995年版，第294页。

④ 一般认为"共产主义"分为两个阶段，其中的低级阶段即社会主义，高级阶段即共产主义。这里的"共产主义"就涵盖了"社会主义"与"共产主义"两个阶段。奥尔曼意义上的"共产主义"是与"社会主义"前后相继的一个阶段。在他看来，"社会主义"是"中期的未来"，而"共产主义"是"长期的未来"，只有包括社会主义社会中的矛盾在内的所有矛盾及与它们有关的异化形式都得到彻底解决，"社会主义"向"共产主义"的"质的飞跃"才会发生（参见奥尔曼《辩证法的舞蹈——马克思方法的步骤》，田世锭、何霜梅译，高等教育出版社2006年版，第214—215页）。

综观奥尔曼的论述，共产主义的本质归根结底就是一条，即它是“我们的”共产主义。之所以如此，是因为，根据马克思的观点：第一，在共产主义社会，旧的劳动分工已被消灭，将人们局限在单一工种的时代一去不复返了。这里的人都是全面发展的人，他们能够很快学会大量的技能，并由此发展范围极广的各种能力。每个人都能够参加各种各样的活动，用马克思的话说就是，“在共产主义社会里，任何人都没有特殊的活动范围，而是都可以在任何部门内发展，社会调节着整个生产，因而使我们有可能随自己的兴趣今天干这事，明天干那事，上午打猎，下午捕鱼，傍晚从事畜牧，晚饭后从事批判，这样就不会使我老是一个猎人、渔夫、牧人或批判者”[①]。奥尔曼特别强调说，这并不是说共产主义社会中人们的生活像某些人所理解的那样，除了玩还是玩，而不再存在工厂工作，实际上，工厂的工作是每个人都需要花费一些时间去做的，而且毫无例外地也是每个人都愿意做的工作。可见，在共产主义社会，无所谓你的工作或我的工作、你的职业或我的职业，只要人们想做，他们都可以也有能力做任何事情。这样，所有的社会活动都成了“我们的”活动，所有的工作都成了“我们的”工作。

第二，在共产主义社会，人们之间的相互合作和相互关心达到了极高的程度。由于这时人们在物质和精神生产中的联系是世界性的，他们之间的相互依存也是世界性的，这就使每个人都意识到了整个人类是他或她的一部

---

① 《马克思恩格斯选集》第 1 卷，人民出版社 1995 年版，第 85 页。

分。这意味着，共产主义社会的人不仅将社会的相互依存当成了他或她本身存在的一部分，而且将其他人的需要当成了他或她自己的需要，将其他人的幸福当成了他或她自己的幸福，将其他的人的痛苦当成了他或她自己的痛苦。每个人都会将他或她自己看成生产单位的一部分，也将生产单位看成其自己的一部分，同时能够理解那些将会使用其产品的人的需要，并将这种需要看成自己的需要，故而每个人都会竭尽全力地作出奉献；每个人都会乐于助人，因为他或她会从中得到满足。这标志着人们“自我”观的根本转变，这里的“我”已经不再是狭隘的“小我”，而是包含了全部社会和所有其他人的“大我”。这种“自我观”与人们之间的相互合作和关心是相互促进的。每个人都持有这样的“自我观”，那他们相互之间的高度合作和关心就是不言而喻的了。以这样的观念来看待共产主义社会，就自然不再存在“你”“我”之分，而是实实在在地成了“我们的”社会。

第三，在共产主义社会，私有财产已不再存在，取而代之的是社会对财产的占有。虽然在社会主义社会生产资料已经是社会所有了，但至少在社会主义初期仍然存在小的私人企业，而且整个社会主义社会中的直接消费品仍然是私人的财产。只要存在私人财产，就存在着财产所有者凌驾并反对没有财产者的权利。而到了共产主义社会，由于每个人都将自己当成了一种社会存在，其他所有的人也都是这种社会存在的内在的各个部分，所以他们相互之间能够高度地合作和关心。在这种条件下，对任何东西的私人占有就是十分可笑的事情了。而且，私人财产的存在从根本上讲是以社会物质财富的缺乏为基础的，当共产主义社会拥有可以满足每个人的可能需要的一切东西，能够真正做到“各取所需”的时候，建立在物质匮乏基础之上的社会关系就会发生天翻地覆的变化。这时，每个人都会将其碰巧使用的东西当成社会的东西，当成“大家为大家”生产的东西。此时，就财产而言，也就不再存在“我的”、“你的”、“他的”或“她的”，而只存在“我们的”了。

第四，在共产主义社会，人们将非常熟练地控制自然，消除此前所谓“自然规律”的支配。在共产主义社会之前，人们的幸福乃至人们的生命本身在很大程度上还受制于自然，受制于所谓的“自然规律”，正所谓谋事在人，成事在天。而到了共产主义社会，由于人们充分认识到了今天所谓的“社会”与“自然”之间的“内在关系”，并将这两个部分当成了一个有机的整体，所以，在他们认识社会或自然的时候，他们都会意识到是对两者的认识。于是，现在所谓的社会科学与自然科学也就成了一种科学。既然人与自然之间的关系是内在的，“自然也就成了人本身”。由此人对自然的控制也自然就熟练了。另外，这种熟练也有赖于共产主义社会中人们之间的高度合作。用马克思的话说，合作在任何历史时期都是一种“生产力”。共产主义社会中人们之间的高度合作将使这种生产力具有无限发展的潜力。这种无限发展的生产力将极大地增强人们控制自然的能力。当然，我们可以发现，由于人与自然成了一体，所以人对自然的控制并不是暴力的，而是一种自我控制，人与自然的关系是一种内在的和谐关系。而如前所述，共产主义社会的人已经是“你中有我，我中有你”，彼此一体了。由此，共产主义社会的自然也就成了“我们的”自然。

第五，在共产主义社会，外在的规则以及各种形式的强迫和约束都不存在了。一方面，虽然共产主义社会仍然存在工厂和农场劳动，人们在进行这种劳动的过程中，仍然需要任何社会从事生产活动时都需要的那种协调，但在共产主义生产中进行协调的管理人员仅仅是乐队的指挥。由于“乐队”的目标与其“指挥”的目标是一致的，都是为满足社会需要而生产物品，都是要在尽可能短的时间里、以尽可能少的浪费生产出质量最好的物品来满足社会需要，所以这种乐队总是自愿的和充满热情的。懒惰这种一定条件的产物在共产主义生产中已不复存在，每个劳动者都在竭尽全力地工作，既然如此，外在的纪律及其附随的罚款、解雇、威胁等等就成了过时的东西。而且，由于每个人都在频繁地变换自己的工作，所以几乎每个人都可能在某个时间充当这样的“指挥”。事实上，共产主义社会的生产都在不断解放和发展每个人的独特潜力，也正是在这种意义上，马克思说，共产主义社会的劳动是“真正自由的活动”。另一方面，在非生产的生活领域，对于每个人而言，没有任何活动是靠他人的外在组织，没有任何他非做不可的事，而且，在他从事各种活动时也没有预设的活动方式和时间上的限制。国家的立法、司法和执法等职能已经由于共产主义社会人们在所有问题上的一致而无需存在了，虽然共产主义社会也可能存在人对人的伤害，但这种伤害不是故意的，根本不会造成需要司法解决的冲突，而其他诸如杀害、抢劫、绑架等等都是根本不会存在的。其他像交通指挥这样的协调行为虽然存在，但这种活动也如同生产中的协调一样，只是“乐队”的“指挥”活动而已。这种“指挥”是基于人们的高度合作的，而且这种“指挥员”是经过失去了其政治性的选举产生的，这种选举也只不过是将这样的行政工作交给实际上都有这种能力的人们中的某些人来做而已。可见，政治国家的立法、司法和行政三种根本职能已经不再存在，所以，政治国家在共产主义社会已经消亡。我们在今天所能看到和经历的国家的强制和约束在共产主义社会就都不存在了。我们可以说，奥尔曼所论证的这种共产主义社会中依然存在的生产和非生产领域的管理活动实质上是当时人们的一种“自我管理”，实质上是“我们”一起管理“我们的”共产主义社会。

第六，在共产主义社会，我们现在所见到和经历的各种人的共同体形式都不再存在了。迄今我们的社会都被分成了各个国家、民族、宗教、地区、阶级、职业和家庭等等共同体，所以，一个不存在这种区分即这些形式的共同体都不存在的社会，对大多数人来说都是不可想象的。但奥尔曼坚信，马克思给我们描绘的共产主义社会就是这样一个社会。其中，国家已经由于我们在上面看到的原因而消亡了；宗教会像国家一样，由于其功能尤其是解释和补偿功能的消失而归于消失，倒不是说人们将反对宗教，而是说随着宗教功能的消失，人们将会失去对它的兴趣；城里人与乡下人的区分会因为城乡差别的消除而消除；阶级分化不再存在，虽然在社会主义社会阶级分化实际上已经不存在，但毕竟这时尚不是所有的“劳动者”都是无产阶级的平等成员，所以社会主义还不是完全意义上的无阶级社会，只有共产主义社会才是如此；职业分化是固定职业的产物，在共产主义社会，每个人都可从事各种各样的工作，都可按照自己的愿望变换自己的工种，所以职业分化在共产主义社会将不再存在；因为共产主义社会中人们的高度合作与互相关心，他们会趋于相互接近，由此而不断相互融合以致各种不同的民族将“九九归一”；共产主义社会中的集体生活、基于双方完全平等和相互爱护之上的一夫一妻的性关系，以及对小孩的公共抚养使家庭的废除成了现实。按照奥尔曼的观点，之所以在马克思看来，国家、民族、宗教、地区、阶级、职业和家庭等等共同体在共产主义社会必将不再存在，是因为这些共同体所代表的分化是人与人之间直接联系的障碍，而人的潜力的解放与发展又有赖于这样的直接联系。虽然在共产主义社会仍然存在某种将人们分开的界限，如工厂等等，但这种划分从来都不是也永远不会是人与人之间作为个人而不是作为某个共同体成员来进行直接联系的障碍。没有了各种旧形式的共同体的局限，共产主义社会中的每个人都能够在事实上感到整个社会都是“我们的”，而不再存在“他们的”与“我们的”之分。

最后，还有必要指出奥尔曼对马克思所揭示的共产主义社会中的人的论述。这也有助于我们进一步理解为什么共产主义社会是“我们的”而不是“他们的”。共产主义社会的人是完全消除了各种形式的异化的人，这种人对大量的工作都有兴趣并有技能来完成这些工作；这种人都具有高度的和一贯的合作意识；这种人将社会所拥有的一切都当作“我们的”东西来看待；这种人与其他人一起对自然的力量有了巨大的控制力；这种人能够自觉规范自己的行为，而无须外在强制性的约束；这种人不再具有现在存在的那种社会分化的特点。总之，这种人即他或她是优秀的、高度理性和社会化的、仁慈的和成功的创造者；是占有了其作为一个完整的人所具有的全部本质的人。马克思曾经说过，共产主义社会的人也不是我们今天的人。看来，正是上述这种非同今日的人才不仅使共产主义得以实现，而且使之成了“我们的”共产主义[①]。

我们决不能以为奥尔曼只不过在给我们描绘一种乌托邦的想象。其实，奥尔曼引用马克思的观点，对离开现在而直接进入未来的乌托邦想象提出过明确的批评。在他看来，正如马克思早就对乌托邦想象作出的批评，乌托邦想象倾向于创造一种不切实际的僵化和完善的未来观；即使用这种猜测式的方式建构的未来社会确实是“好”的，我们也毫无根据来确定它是否是人们所想要的那种社会；我们同样根本没有明确的方法来确定这样的社会是否是可能的，即人们是否能够建立这样的社会，如果能的话，它是否能够如同被期待的那样起作用；由于它使未来充斥着我们的思想，这种乌托邦想象就使我们根本不可能去将现在作为一个未来已潜在于其中的暂时阶段来进行辩证的分析；乌托邦想象导致了无效的争辩方式以及无效的政治策略[②]。

---

① See Bertell Ollman: *Social and Sexual Revolution*, Boston, South End Press, 1979, pp. 66－92.

② Bertell Ollman: “The Utopian Vision of the Future”. http://www.nyu.edu/projects/ollman/docs/utopian-vision.php.

相反，按照奥尔曼的观点，马克思主义的共产主义观不仅得自于对资本主义矛盾的思考，也得自于对整个阶级社会以及就社会主义本身仍然是一种独特的阶级社会而言的社会主义的矛盾的思考。也就是说，当社会主义发展到一定高度的时候，有阶级以来的与劳动分工、私有财产和国家等等有关的一直以这种或那种形式存在的矛盾就会得到解决。同时并且是在同一过程中，社会主义作为一种阶级社会所具有的与它自己的劳动分工、私有财产和国家等等有关的矛盾也会得到解决。而“所有这些概括层次上的矛盾的解决就标志着从社会主义到共产主义的质的飞跃”[①]。从另一种角度来看，发达资本主义本身已经创造了大量的财富，而社会主义又在此基础上创造了多倍于此的财富，所以，社会的物质财富已极为丰富；大范围的计划已经取得了巨大的成功；科学技术已经发展到了使一切都有了实际可能的高度；荒地已被耕种；大量的城镇如雨后春笋般出现在农村；大城市已被革新；交通通讯设施已极为发达；工厂变成了在其中工作的快乐园；劳动时间又一次减少了，人们已习惯于等量劳动获得等量的报酬；对青年的教育已达到这样的程度，每个人都要既在工厂又在教室接受教育；如此等等。这表明，共产主义的实现已然具备了相当好的物质技术和社会基础。可见，奥尔曼的“内在关系的辩证法”使我们看到，共产主义与资本主义、后发达资本主义的社会主义等等都是内在地联系在一起的，

---

① Bertell Ollman：“Communism：Ours，Not Theirs”．http：//www.nyu.edu/projects/ollman/docs/communism-ours.php.

随着包括社会主义在内的整个阶级社会的所有矛盾的解决，随着共产主义所需要的各种物质技术和社会条件的具备，共产主义也就成了真真切切的现实。质言之，奥尔曼的“内在关系的辩证法”使我们看到了“我们的”真真切切的美好共产主义的必然性。我们在前面已经指出，奥尔曼反复强调过，他所论述的马克思主义共产主义观关于共产主义的描绘并不是必然的，而只是一种“高度的可能”。他还说，共产主义几乎从来没有被人以相反的价值观予以反驳，而是总被人指责为无法实现的理想，这本身就表明，把共产主义作为一种可能性已足以说服人们去努力实现它。尽管如此，但我们仍然有理由认为，奥尔曼所论述的基于后发达资本主义的社会主义之上的共产主义是“我们的”这种本质，并不只是一种可能性，而且是一种必然性。

结　语

奥尔曼为复旦大学当代国外马克思主义研究中心的刊物《当代国外马克思主义评论》题词道："有句印度古谚语这样说道：'如果一头奶牛产奶多多，即使给它踢几脚也是值得的。但如果它给我们的只是粪肥，那就恐怕只能一宰了之了。'马克思主义哲学应该从这一谚语中引申出什么教益来呢？"① 那么，我们也可以追问，我们能够从奥尔曼对当代资本主义所做的辩证分析中"引申出什么教益来呢"？

在解答我们应该或可能从奥尔曼对当代资本主义所做的辩证分析中"引申出什么教益"之前，我们必须指出三个方面的问题。第一，我国学者段忠桥教授曾指出，转向英美、超越哲学、关注正统是推进当前我国国外马克思主义研究的三个急需解决的问题，而所谓的"正统的马克思主义"，按照曼彻斯特大学教授诺埃尔·卡斯瑞的看法，指的就是坚持从马克思的基本原理出发去研究各种现实问

① 《奥尔曼访问本中心并为本中心题词》，http：//www. tjiqc. fudan. edu. cn/xxlr1. asp? ID=104.

题的理论。因此，英美马克思主义中的一些重要代表人物，如哈维、奥尔曼、贾格尔、布伦纳、詹姆逊、伊格尔顿，都可视为“正统的马克思主义”的代表人物[①]。这里明确地表明了，奥尔曼是“正统的马克思主义”的代表人物之一。而从本书的论述中，也能够明确地看出，奥尔曼本人的思想及其运用他所理解的马克思主义“内在关系的辩证法”对当代资本主义的分析，虽有所创新，但从总体上来看，仍然属于传统马克思主义的范畴。奥尔曼所做的工作主要就是“从马克思的基本原理出发”去分析和认识当代资本主义。因此，我们可以得出一个对于本书而言十分重要的结论，即奥尔曼对当代资本主义的辩证分析是符合经典马克思主义的，它与那些“或多或少背离或修正马克思的基本原理的种种‘非正统的马克思主义’”[②] 有着本质的不同。

第二，奥尔曼对当代资本主义及其未来社会主义和共产主义的分析和揭示，也并非毫无瑕疵。其最为明显的表现就是，奥尔曼本人的态度往往处在“过于乐观”与“过于谨慎”的矛盾之中。一方面，在对当代资本主义必然走向灭亡的判断中，奥尔曼总体而言是正确的，但未免又有“过于乐观”之嫌。比如，早在1994年奥尔曼就断言当代资本主义这只无头的鸡“很快”就要倒下去了，但时至今日，十多年过去了，当代资本主义这只“鸡”不仅还没有

① 段忠桥：《转向英美超越哲学关注“正统”——推进当前我国国外马克思主义研究的三点意见》，《马克思主义研究》2007年第5期，第75—80页。

② 同上。

倒下去，而且还健壮地活着。尽管在人类历史的长河中，“十多年”只不过是一瞬间，况且奥尔曼就像所有的马克思主义者一样并不是算命先生，他所描述的只是当代资本主义发展的一种必然趋势，但我们还是认为，奥尔曼不免有不够严谨而致“过于乐观”的问题。当然，提出这个问题，并不是要求奥尔曼像阿多诺那样，以揭示当代资本主义的暂时性为目的，却以昭示当代资本主义的持久性为结果。另一方面，奥尔曼在揭示当代资本主义的未来社会主义和共产主义的过程中却又表现得“过于谨慎”。尽管从前面的论述中我们完全可以得出并且实际上已经得出了如下结论，即奥尔曼论证了马克思“两个必然”的结论，但是，除了“如果说工人阶级对政权的掌握，与他们从资本主义中继承的物质条件一起，使我们看到了社会主义的可能性，那么，工人阶级特殊的阶级利益，与资本主义条件下阻碍我们认识这些利益的任何障碍的废除一起，使我们看到了多数的社会主义必然性”①。以外，奥尔曼几乎没有使用“必然性”来说明社会主义和共产主义，相反，他一直强调，运用“内在关系的辩证法”，按照“现在—过去—未来—现在”的路径在资本主义现在中揭示的社会主义和共产主义未来都只是一种“高度的可能”。我们认为，在这里，奥尔曼是“过于谨慎”了。然而，瑕不掩瑜。上述所谓的矛盾根本不足以掩盖奥尔曼关于当代资本主义的辩证分析的科学性和重要意义。

---

① ［美］奥尔曼：《辩证法的舞蹈——马克思方法的步骤》，田世锭、何霜梅译，高等教育出版社 2006 年版，第 214 页。

第三，正因为奥尔曼是一个“正统的马克思主义”者，他的思想及其对当代资本主义的辩证分析属于“正统的马克思主义”，没有“或多或少背离或修正马克思的基本原理”，所以，在有些学者看来，奥尔曼关于当代资本主义的辩证分析毫无新意，自始至终只不过是对“常识”的重述。而既然只不过是重述我们的“常识”，那就没有什么被研究的必要，也就谈不上有什么价值和意义。然而，这种观点是不准确的。且不说马克思的基本原理是否已经被人们所熟知以致成了一种“常识”，以及人们是否已经对运用马克思主义基本原理来研究和认识现实问题“习以为常”，都还是一个问题，哪怕我们承认奥尔曼只不过是在重述我们的“常识”，我们也不能说他的分析和认识毫无价值和意义。“分析的马克思主义”者科亨在谈到“资本主义将为了产量而放弃摆脱劳累”这个结论时说，“虽然在思想上很平凡，但它对评价资本主义有影响”。言下之意，虽然这个结论“在思想上很平凡”，但由于“它对评价资本主义有影响”，所以，它仍然具有一定的价值和意义。同样的道理，即便我们承认奥尔曼只不过是在重述我们的“常识”，但由于如前所述“如何正确认识当代资本主义及其未来社会主义和共产主义的历史命运，已经成了亟待当代马克思主义者解决的问题”，而奥尔曼的分析确实对解决这个问题“有影响”，所以，我们不能否认其价值和意义。另外，恩格斯曾经指出，“认为世界不是既成事物的集合体，而是过程的集合体，其中各个似乎稳定的事物同它们在我们头脑中的思想映象即概念一样都处在生成和灭亡的不断变化中，在这种变化中，尽管有种种表面的偶然性，尽管有种种暂时的倒退，前进的发展终究会实现，——这个伟大的基本思想，特别是从黑格尔以来，已经成了一般人的意识，以致它在这种一般形式中未必会遭到反对了。但是，口头上承认这个思想是一回事，实际上把这个思想分别运用于每一个研究领域，又是一回事。如果人们在研究工作中始终从这个观点出发，那么关于最终解决和永恒真理的要求就永远不会提出了”[①]。这也充分说明，承认马克思主义“常识”“是一回事”，而实际上把它运用到实践之中“又是一回事”，所以，如果说奥尔曼只不过是在重述人们所承认的“常识”，但只要这种“常识”还没有被很好地运用于人们的实践，对这种“常识”的重述和强调就仍然具有一定的实际意义。

现在我们来总结一下奥尔曼关于当代资本主义的辩证分析所具有的现实意义。在我们看来，这至少有三个方面：

第一，奥尔曼的分析方法为我们认识当代资本主义提供了又一个理论视角。

可以说，关于认识资本主义的视角，我们今天最熟悉的有以下三个：一是马克思主义唯物史观的视角。从这个视角来看当代资本主义，我们发现，由于生产关系一定要适合生产力的发展状况，当代资本主义必然要为社会主义和共产主义所取代。二是资产阶级唯心史观的视角。前述福山就是从这个视角看当代资本主义的。为了获得“认可”，“最初之人”展开斗争，敢于冒生命危险的人成了主

① 《马克思恩格斯选集》第4卷，人民出版社1995年版，第244页。

人，怕死之人放弃尊严甘愿沦为奴隶，主奴关系产生，各种各样的贵族社会得以建立；但这种“认可”是有缺陷的，于是继续为“认可”而斗争，直到自由民主的资本主义社会，“普遍的认可”成了现实，人成了“最后之人”，历史随之终结。虽然福山表示，自由民主的资本主义社会是建立在“经济”和“认可”这两个支柱之上的，但他讲经济是从满足人的物质“欲望”出发的，而“欲望”显然也只是一种主观的东西，而且这种“欲望”支配的“经济”到自由市场经济阶段也终结了，所以，我们肯定不能因为福山也讲“经济”“支柱”，就以为他是唯物的。结果，从这种资产阶级唯心史观的视角来看当代资本主义，福山得以运用唯心主义的辩证法，由纯粹主观的“欲望”和“认可”来推演历史的发展进程，并错误地得出了人类社会的历史将终结于当今发达资本主义的“历史终结论”。三是苏东剧变史实的视角。在今天，许多人都是从这个视角来看当代资本主义的。他们认为当代资本主义已经取得了全球性的胜利，而社会主义只不过是20世纪的乌托邦，已经彻底失败。这些人至少犯了两种错误：首先是以偏概全的错误。苏东剧变仅仅是苏联模式社会主义的失败，而他们将这一种模式社会主义的失败当成了全部社会主义的失败，当成了社会主义本身的失败。至于邓小平说的“每个国家的基础不同，历史不同，所处的环境不同，左邻右舍不同，还有其他许多不同。……中国只能搞中国的社会主义”①，也就是说如果搞社会主义，那么每个国家只能搞

① 《邓小平文选》第3卷，人民出版社1993年版，第265页。

自己的社会主义，虽然都要坚持社会主义的本质，但形式是多种多样的，社会主义不存在一种固定的模式，这样的思想则不在他们的视野之内。其次是经验主义的错误。他们恰恰如同罗马卡库斯神话中牛的主人们那样仅仅根据当下的“脚印”得出了错误的结论。至于邓小平说的马克思主义“运用历史唯物主义揭示了人类社会发展的规律。……社会主义经历一个长过程发展后必然代替资本主义。这是社会历史发展不可逆转的总趋势，但道路是曲折的。资本主义代替封建主义的几百年间，发生过多少次王朝复辟？所以，从一定意义上说，某种暂时复辟也是难以完全避免的规律性现象。一些国家出现严重曲折，社会主义好像被削弱了，但人民经受锻炼，从中吸取教训，将促使社会主义向着更加健康的方向发展”①，这样的思想也不在他们的视野之内。

当然，上述三个视角中，资产阶级唯心史观的视角和苏东剧变史实的视角不是马克思主义者应当采用来认识当代资本主义的视角（从苏东剧变史实的视角来总结社会主义建设的经验教训是另一个性质不同的问题）。所以，我们说奥尔曼的分析方法为我们认识当代资本主义提供了“又一个”理论视角，这是相对于马克思主义唯物史观的视角而言的。按照唯物史观，生产力的发展是一个自然历史过程，也就是说，生产力总是要向前发展的，所以，生产关系一定要适合生产力的发展状况，这是一个人类历史发展的客观规律。随着生产力的不断发展，生产的社会化

---

① 《邓小平文选》第 3 卷，人民出版社 1993 年版，第 382—383 页。

程度越来越高，资本主义的以生产资料私人占有制为核心和基础的生产关系与高度社会化的生产力之间的矛盾就会越来越尖锐，虽然资本主义自身在不断地对其生产关系进行调整，以至于资本主义由自由竞争阶段发展到了私人垄断阶段，由私人垄断阶段发展到了国家垄断乃至国际垄断的阶段，但是，即便当今的国家乃至国际垄断的资本主义仍然没有也不可能从根本上解决资本主义生产关系与生产力之间的矛盾，终有一天，资本主义生产关系会成为生产力发展的绝对桎梏，从而由于资本主义生产关系不再适合生产力的发展状况，而使资本主义生产关系必然被以生产资料公有制为核心和基础的社会主义生产关系所取代。其结论就是众所周知的“两个必然”。由此可见，从唯物史观的视角来看当代资本主义，其之所以必然要被社会主义和共产主义所取代，归根结底是由于生产力的发展。正所谓生产力的发展是人类社会发展的最终决定力量。而马克思所说的“两个决不会”①，实际上与“两个必然”② 的结论是一致的，前者意在指明后者的实现条件，在本质上从属于后者。

虽然我们说奥尔曼是“正统的马克思主义”者，是从马克思主义的基本原理出发来研究当代资本主义的，但这

---

① “无论哪一个社会形态，在它所能容纳的全部生产力发挥出来以前，是决不会灭亡的；而新的更高的生产关系，在它的物质存在条件在旧社会的胎胞里成熟以前，是决不会出现的。”（《马克思恩格斯选集》第 2 卷，人民出版社 1995 年版，第 33 页。）

② “资产阶级的灭亡和无产阶级的胜利同样是不可避免的。”（《马克思恩格斯选集》第 1 卷，人民出版社 1995 年版，第 284 页。）

与奥尔曼根据时代条件的变化进行一定的理论创新并不矛盾。可以说，奥尔曼分析当代资本主义的方法为我们提供了又一个视角，即“内在关系”的视角，或者说是“内在关系的辩证法”的视角。正如前面已经多次说明的，从这个视角来看当代资本主义，我们可以发现，当代资本主义与其他任何事物一样处在“内在关系”之中，可以说，它本身就是一个复杂的“关系”。它的过去与它的可能的未来都是它本身是什么的各个部分。所以，当代资本主义本身也就只能是一种历史性的存在，它有自已的过去，也必然有自己的未来。之所以会如此，是因为当代资本主义本身内在的固有的矛盾。这种矛盾不是别的，就是它自身中各种构成要素或各种“关系”之间性质相反的发展。这些因素或“关系”相互支持，同时又相互破坏，最终是破坏性的“关系”取得了胜利，由此造成当代资本主义本身的不断“自否定”和不断的发展。发展到一定程度的时候，它就变成了一种需要用新的名称加以概括的东西，即社会主义和共产主义。在“内在关系的辩证法”视角下，所谓“规律”就是具体要素或事物所固有的关系更有可能导致的一种发展趋势。而当代资本主义内在的许多关系，如资产阶级与无产阶级的关系、生产社会化与生产资料私人占有制的关系等等，都决定了社会主义和共产主义是更有可能的一种发展趋势，所以，社会主义和共产主义取代当代资本主义就是一种“规律”。由此可见，从“内在关系”的视角，或者说是“内在关系的辩证法”的视角，所得到的仍然是“两个必然”的结论。

有必要说明的是，我们在这里说马克思主义的唯物史观与奥尔曼所理解的马克思主义“内在关系的辩证法”是两个不同的视角，并非要表明唯物史观与“内在关系的辩证法”是根本不同的，甚至有什么本质的区别。正如概念本身所能表明的，我们仅仅意在表明审视当代资本主义的两个不同的视角。也就是说，是两个不同的角度。两者之间实际上仅仅是侧重点或着眼点不同而已。唯物史观侧重于或着眼于生产力的发展，强调的是生产力对人类社会发展的最终决定作用，凡是不再符合生产力的发展要求的生产关系都必然要被更高的能够符合其要求的生产关系所取代；而“内在关系的辩证法”侧重于或着眼于事物的“内在关系”，侧重于或着眼于事物的“自否定”，凡是事物都必然要发展到未来去，因为那实际上就是它内在的一部分。实际上，从本质上讲，唯物史观与“内在关系的辩证法”是一致的。唯物史观实质上取决于生产力与生产关系之间的关系，而这种关系正如“内在关系的辩证法”所表明的是一种“内在关系”，如果我们把这种关系看成是外在的，那就会犯科亨式的错误；“内在关系的辩证法”所讲的当代资本主义的“自否定”实际上取决于当代资本主义内在的各种关系的矛盾运动，而其中最重要的就是高度社会化的生产力与资本主义生产资料私人占有制的关系的矛盾运动。然而，恩格斯说过：“唯物主义历史观及其在现代的无产阶级和资产阶级之间的阶级斗争上的特别应用，只有借助于辩证法才有可能。”[①] 这充分说明，尽管马

---

① 《马克思恩格斯选集》第3卷，人民出版社1995年版，第691—692页。

克思主义的唯物史观与奥尔曼所理解的马克思主义“内在关系的辩证法”之间具有本质上的一致性，但两者毕竟是两个不同的东西，是两种不同的视角。

在辩证法的悠久历史上，在马克思主义辩证法产生和发展的一个多世纪里，将“内在关系”作为辩证法的核心，并以此为视角来审视资本主义尤其是当代资本主义，并同样得出了“两个必然”结论的，奥尔曼是第一人，所以，这应该是奥尔曼的一个创新性贡献。列宁曾经说过：“不钻研和不理解黑格尔的全部逻辑学，就不能完全理解马克思的《资本论》。”[①] 奥尔曼则完全可以继续说，不钻研和不理解马克思主义“内在关系的辩证法”，就不能完全理解当代资本主义及其未来社会主义和共产主义。

既然在许多人对当代资本主义及其未来社会主义和共产主义的历史命运感到了严重的困惑，甚至于有意无意地产生了种种错误认识的时候，奥尔曼运用他所理解的马克思主义“内在关系的辩证法”，成功地揭示了当代资本主义仍然必将被社会主义和共产主义所取代的历史命运，那么，我们就必须承认，奥尔曼关于当代资本主义的辩证分析对我们这个其中有许多人误解辩证法的国家来说，无疑是很有启发的。

另外，我们毫不否认，在苏东剧变后，围绕着如何看待当代资本主义，面对着在资本主义世界自身内部发出的“对现代资本主义的歌颂，即用最美好的语言说明资本主义已进入了前所未有的兴盛时期，资本主义会天长地久”

---

① 《列宁全集》第55卷，人民出版社1990年版，第151页。

的声音，其他国外马克思主义学者也“在资本主义世界自身内部”发出了“对现代资本主义的批判，即千方百计地论证现代资本主义并没有随着其对立面的受挫而注入了强大的生命力，相反陷入了更深重的危机之中”的声音①。他们也从不同的视角对当代资本主义作出了批判性的分析，并作出了一些概括：1. 当代资本主义是“全球资本主义”。持这种观点的人认为，随着苏东国家社会主义政权的崩溃和中国等尚存的一些社会主义国家实行市场经济，资本主义最终已经超越其欧洲的起源和西方的范围，而成了一种全球的普遍现象，因此，资本主义在全球范围内的拓展，是当代资本主义的主要特征，也是资本主义在当今的最深刻变化。然而，这种“全球资本主义”不仅没有消除或减轻两极分化，反而加剧了原有的两极分化，而且还产生了新的两极分化，使工人阶级的主人公地位更加不如以前。而且，全球资本主义体系是不公正的，是建立在对发展中国家的掠夺和压迫之上的，将直接导致后殖民主义，使那些好不容易从殖民国和宗主国中争得民族独立的前殖民地国家，又纷纷被重新纳入全球资本主义体系，重新沦为发达资本主义国家的直接或间接的“附庸”。2. 当代资本主义是“赌场资本主义”。持这种观点的人认为，当代资本主义社会恰如一个巨大的赌场，赌场的所有要素它应有尽有，如赌徒、赌具、赌资、筹码和赌场的规则等等，所以，进一步走向投机性和风险性是当代资本主义的

---

① 陈学明：《评“西方马克思主义”的最新理论成果》，《毛泽东邓小平理论研究》2005 年第 1 期，第 36—43 页。

显著特征。这个资本主义的巨大赌场，也把众多的普通居民卷入了其中，而少数人越赌越富，多数人越赌越穷，正是当代资本主义这一赌场的内在逻辑；并且伴随其高度投机性的是其高度的风险性，使当代资本主义社会成了一个越来越充满着不确定性的"风险社会"。3. 当代资本主义是"数字资本主义"。持这种观点的人认为，当代资本主义社会已进入信息时代，信息网络技术成为主要生产力是当代资本主义的一大象征，不仅其中的经济生活变得信息化、网络化，而且整个社会生活也日益变得信息化和网络化，但这种信息化和网络化不仅没有改变资本主义的性质，反而加剧了新的贫富两极分化、新的社会不公正和不平等，出现了"数字鸿沟"、"文化鸿沟"和"民主鸿沟"。4. 当代资本主义是"消费资本主义"。持这种观点的人认为，当代资本主义社会越来越被物所包围，大规模地对物进行消费，这不仅改变了人们的日常生活，而且也在改变着人们的社会关系和生活方式。更有甚者，因为以"灵活积累"为主要内容的后福特主义的出现，非物质形态的消费在消费中所占的比重越来越大，人们的消费发生了从商品消费向服务消费的转变，以致有人甚至提出当代资本主义社会中人们消费的已不是物品，而是符号。后福特主义正在不断创造刺激、控制和引导消费的更为多样的形式，使得当代资本主义利用消费对人的统治更为全面和深刻了。5. 当代资本主义是"涡轮资本主义"。持这种观点的人认为，随着反竞争法和其他规则的拆除、技术创新的推动，以及彻底的私有化，当代资本主义完全变成了"涡轮资本主义"，其中一部分人成了赢家，发了大财，而大多数人则成了社会发展的代价。6. 当代资本主义是“新帝国主义”。持这种观点的人认为，当代资本主义除了具有原有帝国主义的一些特征之外，又出现了一些新的特征。随着社会主义和第三世界的激进民粹主义的倒台，帝国主义又一次处在了进攻的位置。无比狂妄地占据了意识形态领域的“全球化”只不过是对资本主义制度含有帝国主义特性这一事实的再次确认而已，“全球化”就是帝国主义的同义词。在这一新帝国主义时代，宗主国与附属国之间的关系不再是传统的一个或多个附属国依附于一个宗主国的关系，而是中心与外围的关系。当代资本主义世界体系已经形成了三大中心集团，而其他所有国家都处在外围或边缘地带，三大中心集团就是新帝国主义时代的宗主国，其他国家都或多或少处于附属地位。新帝国主义的本性依然是对其他国家的剥削，但这种剥削已是许多资本家集团对一些国家的全体人民进行全球性经济剥削。而且，西方发达资本主义国家在通过全球化过程进行经济扩张和金融垄断的同时，也想方设法将其文化价值、政治制度和意识形态推向广大的发展中国家，使得西方发达资本主义国家不仅拥有了世界性的经济霸权、政治霸权，而且拥有了世界性的文化霸权。这种“文化帝国主义”是当今“新帝国主义”的最主要特征。①

这些从不同视角对于当代资本主义所作的批判性分析，显然同样具有非常重要的启发性意义。他们对于当

① 参见陈学明《评“西方马克思主义”的最新理论成果》，《毛泽东邓小平理论研究》2005 年第 1 期，第 36—43 页。

代资本主义社会中人所遭受的更加全面而又深刻的统治的揭示；对于当代资本主义中国家范围内以及全球范围内的两极分化的揭示；对于当代资本主义社会中的不公正、不平等的揭示等等，无不具有重要的启发意义和现实意义。然而，总体来看，他们仍然像马克思当年所说的那样，只是在以各种各样的方式"解释"当代资本主义社会，但问题在于"改造"它。虽然他们之中也不乏对于用以取代资本主义的新社会的设想，有些甚至提出了较为详细的模式，如市场社会主义者就提出了一些取代资本主义的市场社会主义模式[①]，但他们的这种做法在很大程度上就像当年的圣西门、傅立叶和欧文等空想社会主义者的做法一样。

而与这些学者从其各自视角来认识和分析当代资本主义不同，奥尔曼从"内在关系的辩证法"的视角来审视当代资本主义，其结果就不仅有对于当代资本主义中的异化、不公正等等的揭示和批判，而且正如我们已经看到的，它可以使我们充分认识到，当代资本主义作为一个巨大而又复杂的"关系"，与其过去和未来有着"内在关系"，社会主义和共产主义作为当代资本主义的未来是当代资本主义本身的一部分。也就是说，它可以使我们以一种新的视角和新的思路充分认识到当代资本主义被未来社会主义和共产主义所取代的历史必然性。而且，

① 其中影响较大的有英国学者戴维·米勒的"合作制的市场社会主义"、美国学者约翰·罗默的"证券的市场社会主义"和美国学者戴维·施韦卡特的"经济民主的市场社会主义"（参见段忠桥《当代西方市场社会主义的三种模式》，《国外理论动态》2001 年第 12 期，第 17—19 页）。

从前面的叙述我们实际上也完全能够看到，奥尔曼“内在关系的辩证法”视角下的社会主义和共产主义完全是马克思意义上的社会主义和共产主义，是科学的社会主义和科学的共产主义。奥尔曼“这位长着像卡尔·马克思一样大胡须的学者”不辞辛劳地向世人传播的是“真理的声音”①。因此，与上面那些学者对未来的设想在很大程度上是圣西门、傅立叶和欧文式的不同，奥尔曼对当代资本主义的辩证分析完全是一种马克思式的分析。也由此，那种认为奥尔曼是“黑格尔主义的马克思主义者”② 的观点是不准确的。

第二，这种分析有助于我们正确认识当代资本主义的历史命运，从而坚定社会主义和共产主义的理想信念。

邓小平同志说：“我们一定要经常教育我们的人民，尤其是我们的青年，要有理想，为什么我们过去能在非常困难的情况下奋斗出来，战胜千难万险使革命胜利呢？就是因为我们有理想，有马克思主义信念，有共产主义信念”，“一定要让我们的人民，包括我们的孩子们知道，我们是坚持社会主义和共产主义的，我们采取的各方面的政策，都是为了发展社会主义，为了将来实现共产主义”③。然而，我们不得不承认和加以关注的事实是：其一，苏东剧变、社会主义陷入了低谷；其二，我国对外开放的层层

① ［美］奥尔曼：《市场社会主义——社会主义者之间的争论》，段忠桥译，新华出版社 2000 年版，中译本前言，第 2 页。

② 郑一明：《全球化与社会主义的未来——西方左翼学者关于社会主义前景的新思考》，《中国人民大学学报》2005 年第 3 期，第 26—33 页。

③ 《邓小平文选》第 3 卷，人民出版社 1993 年版，第 110，112 页。

推进，人民的眼界开阔了，当今西方发达资本主义国家的发达景象展现到了人们的面前，加之人们认识上的局限性，他们对“一球两制”、“资强社弱”的现状感到迷茫，对发达的资本主义产生了憧憬；其三，我国在改革开放和社会主义现代化建设过程中出现了诸如领导干部腐败等一些比较严重的问题，在我国像北京大学黄楠森教授那样坚定地说“人类社会的最终发展趋势，要么灭亡，要么共产主义，没有第三种可能”[①] 的人却在减少，相反，许多人甚至越来越多的人开始怀疑社会主义和共产主义，丧失了其社会主义和共产主义的理想信念。例如，有人断言："马克思在19世纪60年代的《资本论》第一卷中的名言‘资本主义私有制的丧钟就要响了’为时过早”；“这不是‘丧钟’，而是‘晨钟’”；“实际上，资本主义的生产力持续发展，创造出前所未有的巨大社会财富，资本主义的丧钟反倒变成了福音书和赞美诗”；宣传马克思主义关于资本主义必然灭亡，共产主义必然胜利这“两个必然”的理论，就是鼓吹“神学目的论”[②]。再如，有人否定唯物史观、否定客观历史规律，而这些人之所以如此致力于否定和歪曲唯物史观，“之所以如此致力于否定历史规律的客观性，说到底就是为了否定社会主义、共产主义代替资本主义的必然性，否认人类的共产主义这一奋斗目标。所以，这些人在嘲笑客观的历史规律的同时，也在那里嘲笑

① 转引自陈学明《唯物史观与共产主义信念》，《浙江学刊》2006年第3期，第55—66页。

② 转引自《〈马列著作选读〉(科学社会主义)讲解》，中央党校出版社1989年版，第32页。

共产主义目标"[①]。陈学明教授指出，以这样那样的方式曲解马克思的唯物史观，从而否定历史发展的客观规律的情况，我们"只要稍微留意一下近10年我国学术界对马克思的唯物史观的研究就不难发现"。可见这种情况的普遍性和严重性。于是，也就有了我们在前面已经指出过的"人们津津乐道的不再是马克思的'两个必然'，而是'两个决不会'"的局面。而正如陈学明教授所一针见血地指出的，"说穿了，当今有些人之所以如此执迷于'两个决不会'，就是为了说明资本主义制度的永恒性和共产主义的不可能性"[②]。

在我们这样一个高举马克思主义旗帜，从事着中国特色社会主义现代化建设的社会主义国家里，有如此之多的人失去了对社会主义和共产主义必胜的信心，失去了其社会主义和共产主义理想信念的时候，奥尔曼这样一个生活在当今最发达资本主义国家中的马克思主义学者，却能运用马克思主义"内在关系的辩证法"穿透当代资本主义在全球的"迅猛发展"和"一派繁荣"之表象，以辩证之手拨开当代资本主义的迷雾，揭示社会主义和共产主义取代当代资本主义的必然性，再次论证马克思"两个必然"的结论。

我国学者安启念教授说得非常好："马克思主义的本质特征，是对资本主义进行批判否定。这种批判否定既包

① 参见陈学明《唯物史观与共产主义信念》，《浙江学刊》2006年第3期，第55—66页。

② 陈学明：《唯物史观与共产主义信念》，《浙江学刊》2006年第3期，第55—66页。

括理论的批判，更表现为武器的批判，哲学是头脑，无产阶级是心脏，马克思主义哲学与无产阶级革命实践不可分割。只有接受马克思和恩格斯所号召的这场革命，至少也是像他们一样致力于对资本主义制度的理论批判的人，才有可能接受、运用并发展马克思恩格斯的哲学思想。一个马克思主义者不可能只接受马克思恩格斯的哲学而反对他们对资本主义的批判。"[①] 只有至少也是像奥尔曼那样致力于运用马克思主义基本原理对当代资本主义进行理论批判的人，才有可能接受奥尔曼关于当代资本主义的辩证分析，并从中受到启发，从而坚定自己对社会主义和共产主义的理想信念。

因此，我们不敢说，奥尔曼对当代资本主义和社会主义、共产主义命运的辩证揭示，对马克思"两个必然"的结论的再次论证和肯定，就"一定能够"使那些对社会主义和共产主义失去信心的人重新树立这种信心，"一定能够"使那些社会主义和共产主义信念不坚定的人重新坚定这种信念。但是，我们可以肯定地说，奥尔曼的论证无论是从理论上讲，还是从实践上看，都将"有助于"我们的国人乃至世界上的人们坚定社会主义和共产主义的理想信念。从理论上讲，奥尔曼的论证不仅有力地回应了西方资本主义学者的"社会主义是乌托邦、社会主义已经失败了、人类社会将终结于自由民主的资本主义社会"的挑战，也有力地回应了我们国内那些各式各样试图借否定和

① 安启念：《新编马克思主义哲学发展史》，中国人民大学出版社 2004 年版，第 8 页。

歪曲唯物史观来否定社会主义和共产主义必然性的所谓理论论证，从而有助于澄清理论上的混乱，消除那些怀疑社会主义和共产主义的人对社会主义和共产主义的怀疑，增强和坚定其社会主义和共产主义的理想信念。从实践上看，奥尔曼身在当今发达资本主义的“庐山”之中，却仍然能够识得此山真面目；相反我们国内的许多人虽站在当今发达资本主义的“庐山”之外，却不能识得此山真面目，还以为那里便是人间天堂，那里便是人类理所当然的归宿。这样一来，奥尔曼就以其亲身实践打破了国人“不识庐山真面目，只缘身在此山中”的状况，对我们那些误解当代资本主义、怀疑社会主义和共产主义的人具有十分重要的警示作用，从而有助于使之正确认识中国特色社会主义并积极投身于中国特色社会主义的现代化建设，与此同时，也积极投身于并非仅仅是一种有待实现的远大理想而且更是一种现实运动的共产主义事业。

第三，奥尔曼的分析方法及分析本身有助于我们建设中国特色社会主义。

从前面的论述中我们完全可以看出，奥尔曼对当代资本主义的辩证分析实际上包括两个方面：一是直接对当代资本主义的批判性分析；二是对代替资本主义的未来社会主义和共产主义“轮廓”的并非空想的揭示。由此，其分析的意义就不仅在于提供了一个新的视角来批判性地分析当代资本主义，并从中揭示出社会主义和共产主义的必然性，有助于使人们坚定其社会主义和共产主义的理想信念，而且，还对我国正在进行的中国特色社会主义建设具有一定的启示。从总体上来看，这种启示至少表现在以下三个方面。

首先，奥尔曼的分析方法有助于我们发展科学的马克思主义理论，以指导我们的中国特色社会主义建设。陈学明教授认为，研究"西方马克思主义"的重要意义之一即在于它有助于我们领悟马克思主义哲学的"真精神"，并自觉地将"回归马克思"与"推进马克思"结合起来，从而以正确的态度来构建当代中国的哲学[①]。我们认为，在当今中国，"领悟马克思主义哲学的'真精神'"、"回归马克思"从某种意义上讲比"推进马克思"更具有重要性和紧迫性。我们经常讲，建设中国特色社会主义需要"中国化的马克思主义"作指导，这无疑是非常正确的。但"中国化的马克思主义"一定要是"马克思主义"，因此，我们又经常讲，"中国化的马克思主义"就是马克思主义的基本原理与中国的实际相结合的产物。可见，如果我们不能"领悟马克思主义哲学的'真精神'"，不能真正"回归马克思"，就不能真正领悟和正确认识马克思主义的基本原理。这样，又怎么能够将"马克思主义的基本原理"与中国的实际相结合呢？又怎么能够保证有真正的、正确的"中国化的马克思主义"呢？可见，从理论上讲，"回归马克思"比"推进马克思"要更为重要。

而从实践上看，我们在建设中国特色社会主义的过程中，确实曾一度犯了严重的教条主义错误，把马克思主义教条化，甚至把其中的个别结论教条化，以至于我们后来

① 参见陈学明《论研究"西方马克思主义"在当代中国的意义》，《南京大学学报》2005 年第 2 期，第 5—13 页。

反复强调要反对教条主义，要“从对马克思主义的错误的、教条式的理解中解放出来”。这种强调本身也是非常正确的。但问题是，在这个过程中我们有不少人走向了反面，他们以“反对将马克思主义教条化”为名，来行“否定马克思主义基本原理”、“抛弃马克思”之实。我们现在认识到，在改革开放的过程中，我国出现了又一种教条主义，即将西方思想理论神圣化的西式教条主义，并提出要反对将马克思主义教条化和将西方思想理论教条化的两种教条主义。而在我们看来，当今中国，最为严重和突出的已经不再是将马克思主义教条化，而是将西方资产阶级的思想理论教条化了。许多人将西方资产阶级的思想理论奉若神明，推崇备至，相反却对马克思主义的基本理论给以轻蔑的嗤笑。与此相反，在当代资本主义国家中，马克思却越来越“热”。不仅西方马克思主义者在积极地研究、发展和宣传马克思主义，而且普通大众都越来越看重马克思。在英国 BBC 广播公司进行的民意调查中，马克思高居榜首，当选“千年伟人”，就是明证。在西方资本主义国家中越来越多的人看重马克思的时候，在我们这样一个仍然高举马克思主义旗帜的社会主义国家中却有日益增多的人说马克思过时了，要抛弃马克思，转而信奉西方资产阶级的思想理论。这实在是一种尴尬。这种现象恐怕是我国学术界出现一种“回到马克思”、“走进马克思”热的直接原因。因此，从实践上看，在当今中国，“回归马克思”比“推进马克思”要更为紧迫。

那么，我们应该如何“回归马克思”呢？这就正如陈学明教授所说的，西方马克思主义者的研究有助于我们领悟马克思主义的“真精神”，有助于我们真正“回归马克思”。奥尔曼的分析方法的作用也正是如此，他对马克思辩证法的“内在关系哲学”和“抽象”这两个“支柱”的研究和阐述有助于我们“回归马克思”。比如，我们可以通过对内在关系的认识和把握，来正确认识马克思对语言的非同寻常的用法，从而理解他的概念的宽泛而又灵活的意义，而不至于因所谓的概念不精确等等去指责马克思。再如，奥尔曼指出，正“因为没有对抽象在辩证方法中的作用的充分理解，并且没有在进行必要的范围、概括层次和角度的抽象中的足够的灵活性，所以多数马克思的解释者（马克思主义者以及非马克思主义者）构建了他的理论的不同版本，这些版本的形式本身中就存在与马克思在资产阶级意识形态中所看到的同样的僵化、不适当的中心和片面性”[①]。而如果我们能够准确认识和把握马克思“抽象”的三种模式即范围、概括层次和角度，并以此来认识整个马克思主义理论及其各种各样的论断，就不至于再造出千奇百怪版本的马克思主义，而是能够真正领悟马克思主义的“真精神”，并真正“回归马克思”。

当然，我们在此主张奥尔曼的分析方法有助于我们真正领悟马克思主义的“真精神”，并真正“回归马克思”，并非只以这种“领悟”和“回归”为目的本身，而是主张这种“领悟”和“回归”有助于我们真正“推进马克思”，发展科学的马克思主义理论，从而有助于以真正科学的马

① ［美］奥尔曼：《辩证法的舞蹈——马克思方法的步骤》，田世锭、何霜梅译，高等教育出版社 2006 年版，第 140 页。

克思主义理论来指导中国特色的社会主义建设。

其次，奥尔曼的分析方法有助于我们认识和解决中国特色社会主义建设的过程中出现的其他一些理论和实践问题。一方面，我们建设中国特色社会主义的目标是全面的，是要将我国建设成为富强、民主、文明、和谐的社会主义现代化国家，这就要求我们正确认识和处理经济建设、政治建设、文化建设、社会建设等等之间的关系，从而将经济、政治、文化、社会，物质文明、政治文明、精神文明、生态文明统一和协调起来。而奥尔曼的方法正好有助于促进中国特色社会主义建设中经济、政治、文化、社会的协调发展，物质文明、政治文明、精神文明和生态文明的共同进步。当然，我们丝毫不否认，我们也在经常强调事物之间的联系，强调经济是基础，政治只是经济的集中表现，文化是经济和政治在观念中的反映并对经济和政治有巨大的反作用；强调物质文明是中国特色社会主义的物质基础，政治文明是其政治保证，精神文明可以为中国特色社会主义建设提供精神动力和智力支持；故而强调要将经济、政治和文化建设协调起来，要物质文明、政治文明和精神文明三个文明一起抓；等等。并且在事实上我们也在这些方面的协调发展和共同进步上取得了很大的成效。但由于我们较多的地方和较多的人对这种联系认识不到位，没有在事实上很好地把握它们之间联系的内在性，故而在认识上、在实践中存在一定的只注重抓经济建设、抓物质文明建设，而有意无意地忽略政治建设、文化建设和社会建设，忽略政治文明、精神文明和生态文明建设的情况。从而使得这些地方在经济建设和物质文明建设取得较大成就的同时，政治建设、文化建设、社会建设以及政治文明、精神文明和生态文明建设却出现了一定程度的滞后，并因此使民主法制很不健全的情况长期不能得到根本解决，使封建主义资本主义腐朽思想在一定程度上开始泛滥，导致人们的思想道德水平滑坡，以至于有些地方和有些人发出了"穷得只剩下钱"的感叹。而奥尔曼的分析方法有助于我们解决这种问题。因为，按照奥尔曼的"内在关系的辩证法"，任何事物本身就是一种复杂的关系，它与其周围环境之间即与其他事物的关系都是内在的，都是它本身是什么的各个部分，所以，经济、政治、文化和社会之间，物质文明、政治文明、精神文明和生态文明之间的关系就都是内在的。这样，政治、文化、社会就只是经济本身的不同部分；政治文明、精神文明和生态文明就只是物质文明本身的不同部分。那么，我们建设和发展经济和物质文明本身就要求我们建设和发展政治、文化和社会，建设和发展政治文明、精神文明和生态文明。以这种观点来看，如果我们没有将政治建设、文化建设和社会建设搞好，没有将政治文明、精神文明和生态文明建设搞好，就根本不能说已经搞好了经济和物质文明建设，而且，由于它们之间的关系是内在的，如果我们不搞好政治、文化和社会建设，不搞好政治文明、精神文明和生态文明建设，也就根本搞不好经济和物质文明建设；当然，反之亦然。所以，如果以奥尔曼的方法来认识和建设我们的中国特色社会主义，我们就会自觉地将经济、政治、文化和社会，物质文明、政治文明、精神文明和生态文明建设统一和协调起来，从而有助于使我们的社会全面进步，并逐步实现我们将我国建设成为富强、民主、文明、和谐的社会主义现代化国家的目标。实际上，不仅经济、政治、文化和社会之间，物质文明、政治文明、精神文明和生态文明之间的关系是内在的，而且，其他诸如人与人之间、人与社会之间、地区与地区之间、部门与部门之间、人与自然之间、社会与自然之间等等所有的关系都是内在的，任何一方以及双方之间的相互作用都是另一方本身的一部分；而且，按照内在关系哲学，中国特色社会主义本身就是由所有这些内在关系组成的一种复杂的关系整体。要建设中国特色社会主义就要正确认识和处理所有这些内在的关系，使各个方面都和谐相处、相互促进和共同发展。

另一方面，奥尔曼的方法有助于我们灵活地抽象恰当的范围、概括层次和角度以认识和解决某些理论和实践问题。例如，我国当前最大的实际是尚处于并将长期处于社会主义初级阶段，所以，从这个意义上讲，我们要认识和解决现实中的问题，最恰当的抽象范围就应该是社会主义初级阶段所涵盖的大约一百年的时间。对于党在现阶段的许多路线、方针和政策，我们都应该将其置于这个范围之内，只有这样，我们才能对其有充分的认识、理解和自觉的贯彻落实。但由于社会主义初级阶段与它的过去和未来之间的联系是一种内在的关系，所以，对于某些问题，我们还必须扩大抽象的范围，才能正确认识和解决。要推进我国的社会主义民主政治建设、社会主义法制建设，就必须扩大抽象的范围，充分认识几千年封建社会对我们社会主义建设的消极影响并逐步采取措施不断消除这种影响。又如，正如马克思当时关注资本主义而突出资本主义这个概括层次一样，我们今天建设中国特色社会主义，要解决建设中的各种理论和实践问题，就应该突出社会主义初级阶段这个概括层次，着力解决这个层次上的各种问题。多种所有制经济共同发展、多种分配方式并存等等问题都是属于这个层次上，需要在这个层次上加以认识和解决的。但与此同时，我们还需要抽象阶级社会、社会主义和共产主义的概括层次，认真研究和解决属于这些概括层次的问题，并处理好不同层次上的问题之间的关系。属于阶级社会层次的一定范围内尚存的阶级斗争问题、属于社会主义层次的集体主义问题、属于共产主义层次的共产主义道德问题等等，都应该在主要关注社会主义初级阶段这个层次的前提下，按照其所属层次及其特征加以适当的认识和解决。再如，“我国是否已经跨越资本主义‘卡夫丁峡谷’”这个问题，是一个十分重要的理论和实践问题。能否正确认识这个问题，关系到我们能否恰当地采取措施来解决与此相关的诸多问题，从而推动中国特色社会主义顺利向前发展。而选择恰当的角度是认识这个问题的关键。我们认为，马克思主义“三种社会形态论”是认识这个问题的最好角度。所谓“三种社会形态论”是指马克思在《1857—1858年经济学手稿》中将人类社会发展过程划分为人的依赖关系、物的依赖关系和自由个性等三种形态的理论。从这个角度来看，我国并没有跨越资本主义“卡夫丁峡谷”。也许有人会说，资本主义是五种社会形态理论中界定的一种社会形态，三种社会形态理论中哪里有什么资本主义？又何谈跨越资本主义“卡夫丁峡谷”呢？从马克思的观点来看，人的依赖关系形态定位于自然经济阶段，包括了原始社会、奴隶社会和封建社会；物的依赖关系形态定位于商品经济阶段，指的就是资本主义社会；自由个性形态定位于产品经济阶段，指的是共产主义社会，也就是我们后来所说的社会主义社会和共产主义社会。因此，按照马克思的观点，在西方发达资本主义基础上建立的社会主义社会就超越物的依赖关系形态而进入了自由个性形态；俄国等落后国家“跨越”资本主义“卡夫丁峡谷”进入社会主义社会也就是“跨越”物的依赖关系形态而进入了自由个性形态。可以说，在马克思那里物的依赖关系形态与资本主义形态之间是可以划等号的。所以，没有跨越物的依赖关系形态就是没有跨越资本主义形态，当然也就没有跨越资本主义“卡夫丁峡谷”。问题恰恰在于，我们中国是在没有达到马克思所限定的条件下，出于当时的实际需要而实现对五形态角度的资本主义“卡夫丁峡谷”的“跨越”的。这就带来了许多现实的问题。比如，我国生产力水平低，还没有实现生产的社会化和现代化，还必须发展资本主义性质的非公经济以及社会主义市场经济；西方无产阶级革命的胜利还没有成为现实，我们无法指望西方无私的国际主义援助，恰恰相反，在今天全球资本主义市场经济化的条件下，我们在必须的开放过程中不仅要受到国际资本主义的剥削，而且资本主义的消极方面必然会进入我国，我们根本不可能做到只“吸收其精华”而尽“剔除其糟粕”，资本主义国家也根本不可能只将资本主义的一切肯定成果输送给我们而将一切资本主义苦难留给它们自己。可见，从三形态理论的角度来看，不管在我国物的依赖程度是多大，我国毕竟没有能够跨越物的依赖关系形态，而是与西方资本主义国家处于同一种社会形态了。我们根本不可能泾渭分明地指出，哪些物的依赖关系是资本主义的，哪些又是社会主义的。既如此，我们又怎么能够理直气壮地说，我国已经跨越了资本主义“卡夫丁峡谷”呢？而且有必要指出，从这种意义上讲，我们面临的问题就不再是“是否已经跨越”而是“是否已经走出”了。正是因为从三形态理论的角度来看我国还没有能够完全走出资本主义“卡夫丁峡谷”，所以说我国现阶段的社会主义还是“不够格”的社会主义。也许有人会说：发展非公有制经济、发展社会主义市场经济、对资本主义国家开放，这都是在建设“中国特色社会主义”，哪里来的什么资本主义苦难呢？我们不否认这些举措的根本目的在于建设中国特色社会主义，但随之而来的受剥削、贫富悬殊、环境恶化、生态破坏、道德滑坡等等是不是苦难？如果是的话，那么它们不是资本主义苦难，难道是中国特色社会主义苦难？那我们能不能进一步说我国尚陷于中国特色社会主义“卡夫丁峡谷”呢？还是邓小平同志说的好，只有承认落后才能去改变落后。我们只有从“三种社会形态论”的角度来认识所谓“跨越”问题，才能承认并直面我国现阶段客观存在的资本主义苦难，才能自觉地采取措施逐步去摆脱这种苦难。当然，我们完全有理由相信，随着中国特色社会主义事业的不断兴旺发达，我国人民遭受的资本主义苦难会越来越少，而享受的社会主义幸福会越来越多。总有一天，我国将完全走出资本主义“卡夫丁峡谷”而成为完全“够格”的社会主义国家。这也是我们从“三种社会形态论”的角度来认识所谓“跨越”问题所要达到的根本目的。

最后，奥尔曼的分析本身有助于我们认识和解决中国特色社会主义建设过程中出现的一些消极现象和问题，并在此过程中不断完善社会主义制度。很明显，奥尔曼虽然也揭示了代替资本主义的未来社会主义和共产主义“轮廓”，但他是按照马克思所说的“在批判旧世界中发现新世界”的，所以，我们可以说，他的分析在很大程度上就是对当代资本主义的批判。陈学明教授说：“‘西方马克思主义’是以激烈地批判当代资本主义社会而著称于世的。欲问研究‘西方马克思主义’在当代中国究竟有何意义，就必须要思考和研究其批判理论对当代中国究竟意义何在。由于我们在这里所说的是对‘当代中国’的意义，所以仅仅把这种意义归结为‘有助于我们看清当代资本主义的实质’这一点显然是不够的，具体地说就是必须思考研究‘西方马克思主义’的批判理论对中国当前的社会主义现代化建设意义何在。”① 他认为，只要符合如下三个条件，一是属于西方的理论家；二是作为马克思主义的一个重要派别或倾向，其提出者必须自称是马克思主义者；三是与传统的马克思主义迥然有别，即他们的理论必须与承继第二国际、第三国际、第四国际的各种传统的马克思主义理论有着明显的区别，那么，我们就可将其列入“西方马克思主义”的范围②。按照这个标准，奥尔曼无疑是属

① 陈学明：《论研究“西方马克思主义”在当代中国的意义》，《南京大学学报》2005 年第 2 期，第 5—13 页。

② 参见陈学明《评“西方马克思主义”的最新理论成果》，《毛泽东邓小平理论研究》2005 年第 1 期，第 36—43 页。

于“西方马克思主义”者的范围的，因为，第一，他是西方的理论家；第二，他作为“辩证法的马克思主义”的主要代表，是一位坚定的马克思主义者；第三，他所代表的“辩证法的马克思主义”与上述传统的马克思主义有明显的区别。因此，我们在探讨奥尔曼对当代资本主义的辩证分析在当代中国的意义时，也就必须“思考研究”其对当代资本主义的批判“对中国当前的社会主义现代化建设意义何在”。

陈学明教授认为，“西方马克思主义”理论家对当代资本主义社会的批判实际上是对这一社会在现代化过程中的种种弊端的揭露，如对消费主义的批判、对大众文化的批判、对劳动异化的批判、对工具理性的批判、对日常生活的批判、对生态危机的批判、对爱欲压抑的批判、对科学技术的社会功能的批判等等。可以说，他们对当代资本主义的批判就是对现代性的批判。因此，他“以‘西方马克思主义’在当代最有影响的代表人物哈贝马斯和作为‘西方马克思主义’的最新形态的‘生态学的马克思主义’为例”，对“西方马克思主义”对当代资本主义的批判即对现代性的批判与后现代主义对现代性的批判进行了比较研究，并由此得出“西方马克思主义”的批判理论“对于正在追求现代性、从事社会主义现代化建设的中国人民有如下两点启示：其一，现代性的进程中遇到了挫折和困难，关键是要找到出现挫折和困难的根源。我们必须像‘西方马克思主义’理论家那样，不把现代性进程中所出现的问题归罪于现代性本身，不把这些问题视为现代性合乎逻辑的必然归宿。……其二，必须正视现代性的进程中之所以出现种种问题，根本的原因在于承受现代性进程的社会体制不完善这一点。我们必须像‘西方马克思主义’理论家那样，把对现代性进程中负面效应的批判，变成对社会主义目标追求的必然性的论证，变成推进改革和完善社会主义体制的强大动力”[①]。如此看来，现代化建设是我们必须要做的事情，因为，我们要通过现代化来实现工业文明，从而使我国人民享受到一切现代文明成果，而且，事实上，当代中国正处在实现现代化的历史进程之中。那么，我们该如何对待现代化建设过程中出现的负面效应呢？能将这种负面效应当成现代化建设所“不可避免的代价”而置之不理吗？显然不能。我们研究“西方马克思主义”的批判理论，其意义就在于它“可以不断地提醒我们，西方的现代化事业出现了问题，中国的现代化事业虽然历时不长，但同样也出现了问题并付出了代价，我们必须像‘西方马克思主义’理论家那样，敢于正视和充分认识现代化事业中所出现的问题，而不能熟视无睹。‘西方马克思主义’的理论家之所以如此尖锐地批判和揭露追求现代性的过程中所出现的种种负面效应，根本的目的是要人们自觉地趋利避害，一方面充分享受现代性的硕果，另一方面把代价降低到最低限度。我们一定要按照这一思路去做”[②]。也就是说，在建设现代化的过程

---

① 陈学明：《论研究“西方马克思主义”在当代中国的意义》，《南京大学学报》2005 年第 2 期，第 5—13 页。

② 参见陈学明《论研究“西方马克思主义”在当代中国的意义》，《南京大学学报》2005 年第 2 期，第 5—13 页。

中，我们必须采取措施，努力将其产生的负面效应降低到最低限度，尽量避免“西方马克思主义”所揭示的那些在使西方人富裕的同时又给西方人带来痛苦的问题。按照陈学明教授的观点，既然现代性本身没有问题，问题在于承受现代性进程的社会体制不完善，那么，我们要消除现代化建设中产生的负面效应，就理所当然应该从我们的社会体制上着手。“社会主义”本身体现了一种根本性的前提和优势，它可以使我们既发展经济、实现现代化，又不失时机地促进人的全面发展，实现社会的全面进步，做到鱼和熊掌兼得，所以我们应该珍惜我们的社会主义制度，这正如邓小平同志所说的，“社会主义是个好制度，我们必须坚持”；但另一方面，既然我们的社会主义现代化建设过程中确实已经出现了种种负面效应，出现了种种问题，这就表明，我们的社会主义制度还不完善，所以，我们还需要不断完善我们的制度，以此尽可能地消除现代化建设中产生的这种种负面效应、种种问题。我们完全可以说，奥尔曼作为一个具有重要影响的“西方马克思主义”者，他对当代资本主义的批判性分析自然也具有陈学明教授所说的“西方马克思主义”的批判理论在当代中国的上述意义。也正因此，我们说，奥尔曼的分析有助于我们认识和解决中国特色社会主义建设过程中出现的一些消极现象和问题，并在此过程中不断完善我们的社会主义制度。

事实上，“当今在我们中国，一方面一些人根本无视中国的现代性进程中所出现的种种问题，无视老百姓面对这些问题所发出的呼声，‘一意孤行’地走下去；另一方面一些人则即使看到了这些问题的存在，但与此同时又把这些问题说成是现代性内在逻辑的必然结果”[①]。由此，便更加凸显了包括奥尔曼在内的“西方马克思主义”者对当代资本主义的批判在当代中国的意义。就奥尔曼来说，我们可以以他对市场经济的批判为例来说明其对我们中国的意义。我们经常说，我们搞社会主义市场经济，就是要使市场在国家的宏观调控之下对资源的配置起基础性作用，以实现西方发达国家在资本主义条件下已经实现的工业化和生产的社会化、市场化和现代化。可见，奥尔曼对市场经济的批判实际上就属于上述那种“西方马克思主义”对现代性的批判。虽然我们已经看到，根据奥尔曼“内在关系的辩证法”，我们可以对中国社会主义搞市场经济提出合理的辩护，但他批判市场经济的观点对我国而言绝不是像某些人所说的那样“没有任何理论和实践意义”。事实上，他所指认的应该由市场负责任的很多严重的社会问题，例如，失业、贫富两极分化、生态环境破坏、过分的贪婪和腐败等等，在我国随着市场经济的发展已经出现，有些问题已经较为突出和严重。如，我国城市居民收入差距的基尼系数已经超过 0.4 的国际警戒线；10％的最低收入家庭财产总额占全部居民财产不到 2％，而 10％的最高收入家庭的财产总额则占 40％以上[②]。可见，奥尔曼批判市场经济的观

---

① 陈学明：《论研究“西方马克思主义”在当代中国的意义》，《南京大学学报》2005 年第 2 期，第 5—13 页。

② 《都市文化报》2006 年 11 月 2 日。

点在理论上有助于我们加深对市场经济这把“双刃剑”的认识；在实践上有助于时刻警示我们，使我们高度关注市场经济本身不可避免地要产生的社会问题，并切实采取措施尽可能地完善我们的社会主义制度来解决这些问题，以把发展市场经济所产生的负面影响减小到最低程度。

参考文献

中文部分：

1. [美] 奥尔曼：《辩证法的舞蹈——马克思方法的步骤》，田世锭、何霜梅译，高等教育出版社 2006 年版。

2. [美] 奥尔曼：《市场社会主义——社会主义者之间的争论》，段忠桥译，新华出版社 2000 年版。

3. [德] 阿多诺：《否定的辩证法》，张峰译，重庆出版社 1993 年版。

4. 安启念：《新编马克思主义哲学发展史》，中国人民大学出版社 2004 年版。

5. 陈学明：《苏联东欧剧变后国外马克思主义趋向》，中国人民大学出版社 2000 年版。

6. 陈学明等：《走近马克思——苏东剧变后西方四大思想家的思想轨迹》，东方出版社 2002 年版。

7. 陈学明：《永远的马克思》，人民出版社 2006 年版。

8. 程光泉：《全球化理论谱系》，湖南人民出版社 2002 年版。

9. 邓小平：《邓小平文选》第 3 卷，人民出版社 1993

年版。

10. [法] 德里达：《马克思的幽灵》，何一译，中国人民大学出版社 1999 年版。

11. 段忠桥：《当代国外社会思潮》，中国人民大学出版社 2001 年版。

12. 邓晓芒：《黑格尔辩证法讲演录》，北京大学出版社 2005 年版。

13. [德] 恩格斯：《自然辩证法》，人民出版社 1984 年版。

14. [美] 福山：《历史的终结及最后之人》，黄胜强、许铭原译，中国社会科学出版社 2003 年版。

15. [德] 霍克海默、阿道尔诺：《启蒙辩证法》，渠敬东、曹卫东译，上海人民出版社 2003 年版。

16. 黄楠森：《〈哲学笔记〉与辩证法》，北京出版社 1984 年版。

17. 黄楠森：《马克思主义哲学史》，高等教育出版社 1998 年版。

18. 贺来：《辩证法的生存论基础》，中国人民大学出版社 2004 年版。

19. 金冲及：《毛泽东传》（1893—1949），中央文献出版社 1996 年版。

20. 靳辉明等：《当代资本主义新论》，四川出版集团、四川人民出版社 2005 年版。

21. [英] 柯亨：《卡尔·马克思的历史理论——一个辩护》，岳长龄译，重庆出版社 1989 年版。

22. [俄] 列宁：《哲学笔记》，人民出版社 1993 年版。

23. ［俄］列宁：《列宁选集》第1—4卷，人民出版社1995年版。

24. ［俄］列宁：《列宁全集》第55卷，人民出版社1990年版。

25. ［匈］卢卡奇：《历史与阶级意识》，杜章智等译，商务印书馆2004年版。

26. ［德］马克思：《资本论》第1—3卷，人民出版社1975年版。

27. ［德］马克思：《剩余价值理论》第1—3册，人民出版社1975年版。

28. ［德］马克思：《1844年经济学哲学手稿》，人民出版社2000年版。

29. ［德］马克思、恩格斯：《马克思恩格斯选集》第1—4卷，人民出版社1995年版。

30. ［德］马克思、恩格斯：《马克思恩格斯全集》第1、3、5、14、19、35、41、42、46、47卷，人民出版社1960、1958、1964、1963、1971、1982、1979、1979—1980、1972年版。

31. 《马克思主义基本原理概论》，高等教育出版社2008年版。

32. ［英］麦克莱伦：《马克思以后的马克思主义》，李智译，中国人民大学出版社2004年版。

33. 欧阳康：《当代英美哲学地图》，人民出版社2005年版。

34. 孙正聿：《马克思辩证法理论的当代反思》，人民出版社2002年版。

35. 商英伟等：《马克思主义辩证法史》，吉林人民出版社 1987 年版。

36. ［加］韦尔：《分析马克思主义新论》，鲁克俭、王来金、杨洁译，中国人民大学出版社 2002 年版。

37. 吴传启：《〈资本论〉的辩证法问题》，生活·读书·新知三联书店 1963 年版。

38. 王维等：《20 世纪西方的马克思主义思潮》，首都师范大学出版社 1999 年版。

39. ［英］西姆：《德里达与历史的终结》，王昆译，北京大学出版社 2005 年版。

40. 谢立中等：《现代性、后现代性社会理论：诠释与评论》，北京大学出版社 2004 年版。

41. 杨耕：《为马克思辩护》，黑龙江人民出版社 2002 年版。

42. 俞吾金等：《国外马克思主义哲学流派新编》西方马克思主义卷，复旦大学出版社 2002 年版。

43. 余文烈：《分析学派的马克思主义》，重庆出版社 1993 年版。

44. 俞可平：《全球化时代的"马克思主义"》，中央编译出版社 1998 年版。

45. 严书翰等：《当代资本主义研究》，中共中央党校出版社 2004 年版。

46. 张翼星：《为卢卡奇申辩》，云南人民出版社 2001 年版。

47. 张西平：《历史哲学的重建——卢卡奇与当代西方社会思潮》，生活·读书·新知三联书店 1997 年版。

48. 张一兵：《文本的深度耕犁——西方马克思主义经典文本解读》第一卷，中国人民大学出版社 2004 年版。

49. 张一兵：《无调式的辩证想象——阿多诺〈否定的辩证法〉的文本学解读》，生活·读书·新知三联书店 2001 年版。

50. 张一兵等：《西方马克思主义哲学的历史逻辑》，南京大学出版社 2003 年版。

51. 张亮：《“崩溃的逻辑”的历史建构——阿多诺早中期哲学思想的文本学解读》，中央编译出版社 2003 年版。

52. 张澄清等：《西方辩证法思想发展史》，厦门大学出版社 1989 年版。

53. 周仲秋：《马克思的社会主义观》，湖南师范大学出版社 2002 年版。

54. 《〈马列著作选读〉（科学社会主义）讲解》，中共中央党校出版社 1989 年版。

55. ［美］奥尔曼：《政治科学是什么？它又应当成为什么?》，张双利译，复旦大学当代国外马克思主义研究中心编《当代国外马克思主义评论》第 3 辑，复旦大学出版社 2002 年版。

56. 陈学明：《唯物史观与共产主义信念》，《浙江学刊》2006 年第 3 期，第 55—66 页。

57. 陈学明：《评“西方马克思主义”的最新理论成果》，《毛泽东邓小平理论研究》2005 年第 1 期，第 36—43 页。

58. 陈学明：《论研究“西方马克思主义”在当代中国

的意义》，《南京大学学报》2005 年第 2 期，第 5—13 页。

59. 段忠桥：《20 世纪 70 年代以来英美的马克思主义研究》，《中国社会科学》2005 年第 5 期，第 47—56 页。

60. 段忠桥、江洋编译：《马克思主义、市场经济与当代世界——伯特尔·奥尔曼教授访谈录》，《当代世界与社会主义》2004 年第 3 期，第 152—155 页。

61. 段忠桥：《关于分析的马克思主义的两个问题》，《马克思主义研究》1997 年第 4 期，第 58—65 页。

62. 段忠桥：《分析的马克思主义的一般特征及其三个代表性成果》，《教学与研究》2001 年第 12 期，第 38—43 页。

63. 段忠桥：《再谈分析的马克思主义的主要特征》，《马克思主义研究》2000 年第 6 期，第 84—93 页。

64. 段忠桥：《谈谈科亨对生产力和生产关系相互关系的功能解释》，《哲学研究》2005 年第 6 期，第 33—38 页。

65. 段忠桥：《国外马克思主义者关于市场社会主义的争论》，《马克思主义与现实》2006 年第 3 期，第 78—86 页。

66. 段忠桥：《当代西方市场社会主义的三种模式》，《国外理论动态》2001 年第 12 期，第 17—19 页。

67. 段忠桥：《转向政治哲学与坚持辩证法》，《哲学动态》2006 年第 11 期，第 25—29 页。

68. 段忠桥：《马克思的三大社会形态理论》，《史学理论研究》1995 年第 4 期，第 30—38 页。

69. 段忠桥：《“对五种社会形态理论”一个主要依据的质疑》，《南京大学学报》2005 年第 2 期，第 14—20 页。

70. 段忠桥：《马克思从未提出过“五种社会形态理论”》，《中国人民大学学报》2006 年第 5 期，第 39—47 页。

71. 段忠桥：《马克思提出过“五种社会形态理论”吗?》，《教学与研究》2006 年第 6 期，第 45—53 页。

72. 段忠桥：《转向英美 超越哲学 关注“正统”——推进当前我国国外马克思主义研究的三点意见》，《马克思主义研究》2007 年第 5 期，第 75—80 页。

73. 何萍：《美国马克思主义哲学的历史进程及其特点》，《国外社会科学》2005 年第 2 期，第 37—43 页。

74. 刘建军：《关于理想信念教育的几点理论思考》，《教学与研究》2004 年第 11 期，第 14—15 页。

75. 刘建军：《辩证地把握共产主义理想及其追求》，《思想理论教育导刊》2006 年第 10 期，第 62—64 页。

76. 刘守刚：《马克思为什么要消灭私有制建立公有制?》，http：//www.chinavalue.net/showarticle.aspx? id=23374。

77. 鲁克俭：《国外学者关于马克思共产主义思想的新观点》，《科学社会主义》2006 年第 4 期，第 125—128 页。

78. 李春放：《马克思是市场社会主义者吗? ——当前西方学术界关于市场社会主义的辩论中的一个问题》，《马克思主义与现实》2000 年第 4 期，第 23—29 页。

79. 李庆钧：《物化、辩证法与阶级意识——卢卡奇社会批判理论的基本构架及其影响》，《求实学刊》1999 年第 5 期，第 12—17 页。

80. 罗燕明：《西方马克思主义研究中的十个新流派》，《当代世界与社会主义》1995 年第 1 期，第 29 页。

81. 罗燕明：《美国奥尔曼教授谈西方马克思主义研究中的十个流派》，《国外理论动态》1995 年第 2 期，第 9—12 页。

82. 孟鑫等：《多元视角分析当代资本主义社会——〈当代资本主义研究〉学术研讨会纪实》，《科学社会主义》2006 年第 4 期，第 112—116 页。

83. 《美奥尔曼教授在中国谈马克思主义》，http：//www. weiweikl. com/GYZC49. htm。

84. 欧阳康：《异化理论、社会主义与人类未来——当前西方学者视野中的马克思主义哲学一瞥》，《江苏社会科学》2001 年第 1 期，第 23—28 页。

85. 孙援朝：《美国奥尔曼教授认为当今西方资本主义正在走向崩溃》，《国外理论动态》1995 年第 1 期，第 5—7 页。

86. 吴江：《民营经济未必不能培育社会主义因素》，北京日报 2002 年 9 月 23 日。

87. 吴江：《资本主义胚胎中孕育新社会因素的现象——读〈旅英十年〉》，《马克思主义与现实》2003 年第 1 期，第 23—27 页。

88. 吴宇晖、张嘉昕：《重新解读马克思和恩格斯关于未来社会主义社会的思想（上）》，http：//www. hp1995. com/ShowArticle. asp? ArticleID＝47。

89. 徐小苗、杨双：《伯特·奥尔曼谈西方十大马克思主义流派》，《马克思主义研究》1995 年第 1 期，第 105—108 页。

90. 奚广庆：《评美国“学院左派”奥尔曼否定市场经

济的观点》，《社会科学研究》2005 年第 3 期，第 1—6 页。

91. 俞吾金：《从“道德评价优先”到“历史评价优先”——马克思异化理论发展中的视角转换》，《中国社会科学》2003 年第 2 期，第 195—206 页。

92. 杨金海：《美国奥尔曼教授谈异化问题》，《国外理论动态》1995 年第 7 期，第 49—54 页。

93. 朱培：《美国著名学者奥尔曼论马克思的辩证方法》，《国外理论动态》2004 年第 4 期，第 29—32 页。

94. 赵家祥：《资本主义社会内部是否能够孕育和形成社会主义因素？（上）》，《北京行政学院学报》2005 年第 1 期，第 47—50 页。

95. 赵家祥：《资本主义社会内部是否能够孕育和形成社会主义因素？（下）》，《北京行政学院学报》2005 年第 2 期，第 41—44 页。

96. 郑一明：《全球化与社会主义的未来——西方左翼学者关于社会主义前景的新思考》，《中国人民大学学报》2005 年第 3 期，第 26—33 页。

97. 张岩：《如何理解资本主义——兼评厉以宁的〈资本主义的起源〉》，《中国图书评论》2006 年第 5 期，第 36—40 页。

98. ［美］詹姆逊：《什么是辩证法》，王逢振译，《西北师大学报》（社科版）2005 年第 5 期，第 1—7 页。

99. 田世锭：《辩证法视角下的资本主义——奥尔曼对资本主义的辩证分析述评》，《太原理工大学学报》（社科版）2006 年第 2 期，第 48—51 页。

100. 田世锭：《奥尔曼论马克思在资本主义中揭示社

会主义的路径》，《兰州学刊》2006 年第 9 期，第 128—130 页。

101. 田世锭：《拨开当今资本主义迷雾的辩证之手——奥尔曼论马克思主义的唯物辩证法》，《思想理论教育导刊》2006 年第 12 期，第 11—16 页。

102. 田世锭：《奥尔曼“内在关系的辩证法”视角下的社会主义》，《社会主义研究》2007 年第 1 期，第 15—17 页。

103. 田世锭：《“内在关系的辩证法”与“总体性的辩证法”——奥尔曼与卢卡奇的辩证法思想比较》，《烟台大学学报》（哲社版）2007 年第 2 期，第 6—11 页。

104. 田世锭：《问题在于改变世界——奥尔曼“内在关系的辩证法”对阿多诺“否定的辩证法”的超越》，《太原理工大学学报》（社科版）2007 年第 3 期，第 41—62 页。

105. 田世锭：《透过“抽象”见本质：奥尔曼对当代资本主义本质的揭示》，《武汉理工大学学报》（社科版）2008 年第 3 期，第 389—394 页。

英文部分：

106. Bertell Ollman：*Dance of the Dialectic-Steps in Marx's Method*，Urbana and Chicago，University of Illinois Press，2003.

107. Bertell Ollman：*Social and Sexual Revolution*，Boston，South End Press，1979.

108. Bertell Ollman：*Dialectical Investigations*，New York · London，Routledge，1993.

109. Bertell Ollman: *Alienation: Marx's Conception of Man in Capitalist Society, 2d ed.*, New York, Cambridge University Press, 1976.

110. Bertell Ollman and Tony Smith: "Dialectics: The new frontier: Introduction", *Science and Society*, 1998—03, pp. 333-337.

111. Bertell Ollman: "Communism: Ours, Not Theirs". http: //www. nyu. edu/projects/ollman/docs/communism-ours. php.

112. Bertell Ollman: "A Bird's Eye View of Socialism". http: //www. nyu. edu/projects/ollman/docs/view-of-socialism. php.

113. Bertell Ollman: "The Utopian Vision of the Future". http: //www. nyu. edu/projects/ollman/docs/utopian-vision. php.

114. David Harvey: *Justice, Nature and the Geography of Difference*, Oxford: Blackwell, 1996.

115. Martha E. Gimenez: "Capitalism and the Oppression of Women: Marx Revisited", *Science and Society*, 2005—01, pp. 11-32.

116. Paul Paolucci: "Bertell Ollman Dance of the Dialectic: Steps in Marx's Method", *Science and Society*, 2005—04, pp. 651-653.

117. "Reviews of Dance of the Dialectic: Steps in Marx's Method". http: //www. nyu. edu/projects/ollman/docs/dd-reviews. php.

118. Sean Sayers: "Marxism and the Dialectical Method", *Radical Philosophy 36 (Spring, 1984)*. pp. 4-13.

致　谢

本书是在我的博士论文基础上修改而成的。所以，在本书即将出版之际，我要向我的博士导师中国人民大学哲学院段忠桥教授致以诚挚的谢意！在我攻读博士学位的三年中，老师在学习和生活上给了我终生不忘的关心和帮助；尤其是我的学位论文从选题、修改到最后定稿，都凝聚着老师的心血。而导师为人、为学、为事的态度与精神也将使我受益终生。硕士是博士的前阶。为此，我还要向我的硕士导师湖南师范大学公共管理学院周仲秋教授致以诚挚的谢意！尤其要感谢周老师在我读硕士期间为我提供的重大经济帮助。

衷心感谢中国人民大学吴潜涛教授、张新教授、刘建军教授、黄继锋教授，北京大学李青宜教授，中国社会科学院魏小萍研究员，首都师范大学陈新夏教授和中国青年政治学院肖峰教授，老师们在我学位论文的选题、开题、评阅和答辩过程中给我提出了许多宝贵的意见和建议，其中，张老师从我报考人大博士生到毕业，给我提出了许多指导意见；衷心感谢中国人民大学马克思主义学院、研究生院的其他老师，各位老师为我三年的学习和生活提供了许多帮助。

衷心感谢三峡大学领导和同事们对本书出版的关心和支持；衷心感谢中国社会科学出版社黄燕生编审和周慧敏编辑为本书的出版付出心血和汗水；衷心感谢《思想理论教育导刊》、《社会主义研究》、《烟台大学学报》（哲社版）、《武汉理工大学学报》（社科版）、《太原理工大学学报》（社科版）和《兰州学刊》及其编辑为我发表相关的阶段性成果；衷心感谢所有对我的学业予以各种帮助的朋友们；衷心感谢三峡大学马克思主义理论一级学科建设项目为本书的出版提供经费资助。

感谢我的父母、岳父母以及兄弟姐妹，他们在我读博期间乃至整个求学生涯中给了我许多精神和物质上的帮助；感谢妻子邓晓琼、女儿田雪，没有她们的支持，我不仅没有可能攻读并获得博士学位，继而出版这部“专著”，甚至连十年前的硕士学业都难以完成。

田世锭

2008年10月21日于三峡大学